「沖縄問題」とは何か

はじめに

本書は、読売新聞文化面（西部本社版）に、二〇〇六年一月十五日から二〇〇七年四月二十九日までの隔週日曜日に、計三十四回にわたって、「沖縄から」のタイトルで掲載された記事に著者が加筆、一冊にまとめたものである。

「沖縄から」は、それぞれに対照的な立場で沖縄を代表する論客である歴史家の高良倉吉さんと雑誌編集者の仲里効さんに、毎回共通のテーマで寄稿してもらい、いわゆる「沖縄問題」の本質を二方向からの視角で浮かび上がらせることを狙った企画だった。二人の立場の違いは、「47分の1」と「46対1」の違いだと、象徴的に言うことができるだろう。沖縄が四十七都道府県の中の一県としての資格において発言することの重要性を強調する高良さんに対し、仲里さんは沖縄が日本の中で特異な位置を占めざるを得ないことにあくまでこだわる。連載を終えるにあたって行われた対談での、「植民地的身体性」をめぐる議論などは、その違いが端的に現れた場面である。

二人は小中学生時代を同級生として南大東島で過ごし、那覇の高校から本土の大学へと進んでいる。概ね似通った少青年期を過ごし、その後も沖縄の同じ状況を生きて来た二人が、これほどまでに対照的な認識に立つ。実存から切り離された客観的な立場などあり得ないということの証左だろう。ともあれ、二人の論考と討論を通して、本土とは異なる独自の言説空間が、それも決して一枚岩ではない姿で、沖縄には存在することを理解していただけるかと思う。新聞連載を始めるにあたって、前書きを次のような文章で始めた。ここにも同じ文章を添えておきたい。

〈沖縄出身の社会学者野村浩也さんによれば、本土の日本人は「沖縄人の意志を暴力的に踏みにじ」って、「基地負担の強要」をしている植民地主義者なのだそうだ（『無意識の植民地主義』）。極端な意見であるようだし、沖縄の人々のすべてがそんな風に本土の日本人を見ているとも思えない。だが、沖縄の状況に対して、見て見ぬふりをしている一面が私たちにあることもまた否定できないのではないか。まずは、沖縄を知ることから始めたい。〉

この本は、本土の読者にこそ広く読んでいただきたい。出版をいち早く勧めてくださった弦書房・三原浩良代表の思いも、おそらく同じ所にあるだろう。

読売新聞西部本社文化部長　小林　清人

＊各章末の注は編者による

「沖縄問題」とは何か◈目次

仲里　効（なかざと・いさお）　一九四七年沖縄県南大東島生まれ。法政大学卒。季刊雑誌「ＥＤＧＥ」編集長。著書に『オキナワンビート』『ラウンドボーダー』『オキナワ、イメージの縁』、共著に『沖縄の記憶／日本の歴史』『複数の沖縄』など。映画『夢幻琉球・つるへンリー』共同脚本、２００３山形国際ドキュメンタリー映画祭沖縄特集〈琉球電影列伝〉コーディネーター、『コンディションデルタ沖縄』制作。

高良　倉吉（たから・くらよし）　一九四七年沖縄県伊是名島生まれ。愛知教育大卒。浦添市立図書館長などを経て現在、琉球大学法文学部教授（専門は琉球史）。現在、沖縄クエスチョン日米行動委員会・日本側座長代行。主な著書に『琉球の時代』『琉球王国の構造』『琉球王国』『「沖縄」批判序説』『アジアのなかの琉球王国』など。共著に『沖縄イニシアティブ――沖縄発・知的戦略』『琉球・沖縄と海上の道』など多数。

南大東島という体験

沖縄であって沖縄でない矛盾を生きる

仲里　効

南大東島は北大東島やラサ島とともに大東諸島と総称されるが、人を寄せつけない峻厳な地形ゆえに原始の姿のまま長い間無人島であった。一九〇〇年（明治三十三年）、冒険王といわれた玉置半右衛門が募った八丈島出身者からなる開拓民が上陸し、その後、沖縄各地からも多くの移動民が海を越え「人間の歴史」が刻まれてからまだ百年ちょっとに過ぎない。

この百年の歴史をひもといてみると、沖縄の他の地域には見られない特異な軌跡に気づかされる。百年のほぼ前半が製糖会社の名で時代が区切られている（玉置時代・東洋製糖時代・大日本製糖時代）ことである。島まるごと製糖会社によって所有され、サトウキビ・プランテーション経営が営まれたことを印していた。占有されたのは土地だけではなかった。島内でしか通用しない通貨（金券）をはじめ、学校、駐在、鉄道、港湾、郵便、電力、病院などは会社直営であった。

大東島を訪れた琉球新報の記者がかつてこんなことを書いていた。「大東に行って一番目に立つものは各地の人間がより集まっていることである。全国中十県を除く三府三十三県を初め、台湾、朝鮮の植民地からも寄り集まっているのでさながら府県人品評会と云う姿だ」と。記者が皮肉と好奇の目で見た「府県人品評会」ほど、大東島の姿を髣髴とさせるものはない。だが忘れてはいけないのは、これら寄り集った移動民たちは、製糖会社をして「植民地史上稀なる成功例」といわしめるほどコロニアルな位階に仕分けられたことだ。

そのため沖縄出身移民と内地人との間で葛藤と対立が生じ、あまり知られていないことだが、沖縄における最初の労働争議が起こったのも、沖縄人に対して初めて治安警察法が適用されたのも大東島だった。市町村制が敷かれたのは戦後になってからで、土地の所有権が島民のものになったのはさらに後の一九六四年であった。

こうしたコロニアルな負の遺産は、戦後になって清算されたというわけではなく、持ち越され島人の意識や行動に影を落とした。島で幼少期を過ごした者たちは、そのコロニアルな影を大人たちの挙措やふと漏らした言葉や眼差しから鋭敏に感じ取っていた。異集団が小さな島の中で接触する時の、溶け合いやすれ違いや軋みなどがみせる断片と断面を、幼い目と耳は逃さなかったということである。

大東島とは、いわば出身地も言語も文化も異なる移動民たちがモザイク状の密度で人間模様を形成したところである。そこは「沖縄」ではあるのだが、「沖縄」ではない、矛盾を生かされた。だが日本本土（人）と沖縄（人）がどのように出会い、交差していったのか、その接触と葛藤と分有を身をもって示したという意味で、「あまりにも沖縄的な島」であることもまたたしかである。この矛盾の統一体こそ大東島の際立った性格である。

島には多くの出会いと別れの記憶が層をなしている。孤島であるだけにそれはいっそう身にこたえたはずである。人は流れ来て、流れ去る。こうした出会いと別れの切なさや儚さを見つづけた姿勢が、島と島人の意識や無意識を深いところで特徴づけている。

大東島という経験の造型化、私はそれを墓地と墓の形にみる。たくさんのさよならの光景を見届けた西港に隣接した海の見える斜面に、種類の異なる二つの墓群が並んでいる。ひとつは「ヤマト墓」といわれる石塔式のそれで、あとのひとつは死者の名も死んだ日付も記されてはいない小さなコンクリート饅頭のような沖縄からの移動民の墓である。この墓地の対照こそ、大東島のコロニアルな経験と記憶のカタチといえよう。

琉球列島の東の果てに孤独な姿を浮かべる移民の島で生まれたこと、そしてそこで幼少期を過ごしたこと（島には高校がないので中学を卒えると島を出る）、この逃れようもない生誕の時と場所で私が学んだことは、出会いと別れの儚さを織り込んだ〈関係の思想〉であった。

東方の「外地」を度外視した沖縄

高良　倉吉

沖縄の東に横たわる太平洋は、日本本土（ヤマト）に住む人々と同様に、沖縄の人々にとってまたながく未知の大海であったといえる。海を東に進むと、その先には島がなく、人の住む気配は全く感じられなかった。そのためだと思うが、沖縄びとは、異界ともいうべき東方世界をウフアガリ（大東）と称し、神々の空間と片付けてきた。

この文脈からいえば、一九〇〇年（明治三十三年）に始まる南大東島の開拓は、大きな事件だったはずである。那覇から四〇〇キロ近くも離れた太平洋上に人の住む島が突如出現し、しかもその島が沖縄県に属したからだ。だが、この出来事は、当の沖縄にとって「外地」の登場と受け止められていたにすぎない。

大東島を拓いたのは八丈島の人々であり、島の経営は本土企業が独占していたからだ。やがて沖縄からの出稼ぎ者が渡島するようになるが、しかし、その島にとって「沖縄県民」はあくまでも「他者」でしかなかった。太平洋を越えてその島に行くことを「大東旅」と言ったが、この語感にはハワイや南米、南洋（ミクロネシア）などへの移民や出稼ぎに通底するものがある。

　太平洋戦争における日本の敗北とアメリカの沖縄統治の始まりは、事態を一変させた。本土企業に代わって沖縄の製糖会社が進出し、ながく会社が支配してきた島に初めて地方自治制度（南大東村）が誕生したからだ。皮肉にもアメリカ統治下の沖縄において初めて、大東島は沖縄の「普通」の島になった。そこから大東島の「沖縄化」が始まる。

　気象台に勤務する父の仕事の関係で、私は小学校から中学卒業までの八年余、南大東島で暮らした。一九五四年（昭和二十九年）の冬から六三年（昭和三十八年）春までであり、大東島の「沖縄化」が進行していた時期に当たる。

　長い人生からすれば、八年間などほんのひと時にすぎないのかもしれないが、しかし、高校進学を機に島を出た後もそこで味わった幾多の体験を反芻しており、そこから浮上する意識というものは、おそらく沖縄を考える際の私の基底の一部になっている。

　つくづく思うのは、圧倒的多数の沖縄の人々が空気のように吸収してきた「沖縄的なもの」は、南大東島育ちの私にとって当たり前のものではなかったことである。例えば、ながい歴史を持つ沖縄村落の祭祀拠点である御嶽《うたき》や、死者たちの眠る家族墓である亀甲墓《かめこうばか》などは、私にとってまさしく異文化そのものであった。一年を通じて頻繁に行われるところの伝統的な年中行事や祭りも、未知の世界であった。それらすべては南大東島にはなかったからである。

「沖縄的なもの」は、私にとって見聞し、学び、身に着ける事柄だったのである。

やがて、私は沖縄の歴史や文化を研究する道を歩むようになるが、その過程において深い疑問が湧き上がってきた。「沖縄的なもの」は、じつは南大東島を度外視することによって成り立っている。沖縄像を語る際に、太平洋の向こうに「普通」の沖縄とは異なる履歴を持つ島が存在することを自覚していない。「沖縄的なもの」にわが島は含まれていない、と思った。

だが、沖縄は停止した存在ではない。新たな状況が絶えず内部に参入し、それともみ合いながら、常に今という沖縄の現実を形成し続けている。沖縄が沖縄を絶えず形成するその営みの中に、南大東島という存在が遅れて参加しただけの話なのだ。したがって、「沖縄的なもの」の今を語ろうとすれば、太平洋上のあの島を度外視することなどできないはずである。

昔も今もそうであるが、沖縄は「一つ」ではない。内部に多様な要素を含みながら、多面体としての自己を刻み続けている。その構図は、沖縄という個性を含みつつ、日本という国が形成され続けている姿と同質のものなのだと思う。

〈南大東島〉　沖縄本島から東へ約三六〇キロ離れた太平洋上にある、環礁が隆起して出来たサンゴの島。人口約千四百人。周囲約二〇キロの海岸線は断がいで、中央部はくぼんで盆地状になっている。オヒルギやボロジノニシキソウなど希少植物の宝庫。ダイトウオオコウモリなど珍しい動物も生息する。一八八五年に沖縄県庁による探検で日本国標が建てられ、同県に所属。一九〇〇年、東京・八丈島の島民らが開拓を始めるまでは無人島だった。サトウキビ生産が盛ん。戦前は製糖会社の私有地だったが、四六年に村制施行で南大東村になった。

日本の中の沖縄

「内的境界」の実存

仲里　効

私の好きな島唄の一つに嘉手苅林昌の「時代の流れ」がある。「唐《トー》ぬ世から　大和《ヤマト》ぬ世／大和ぬ世から　アメリカ世／ひるまさ変わたる　くぬ沖縄」（中国の時代から日本の時代へ。日本の時代からアメリカの時代へ。よくよく変わるもんだよこの沖縄は）とはじまるが、歌詞の二番からは極端にアメリカナイズされた女性のファッションや世情の変わり様を風刺の利いた視線で歌い上げていた。大国に翻弄された「世替わりの沖縄」をはじめにおいたところに、「風狂の歌者《うたしゃ》」といわれた嘉手苅林昌の時代意識のたしかさを知らされる。

「時代の流れ」で歌われた「世替わり」とは、では、どのようなことを指していうのか。こういうことになろう。一八七九年(明治十二年)の琉球処分で、それまでの王国は解体され、日本の国家体制に編入される。その後の沖縄は「クシャミするのまで日本に似せる」といわれたように極端なまでの日本への同化・皇民化の道を突き進んだ。「唐ぬ世」から「大和ぬ世」といわれた時代である。その皇民化の行き着いた果てが「鉄の暴風」といわれた沖縄戦であったが、敗戦後は天皇制と国体護持と日本国の空間(北海道、本州、四国、九州)保持のため沖縄は切り離され、アメリカの軍事的植民地下におかれた。「大和ぬ世」から「アメリカ世」である。そしてこの歌には歌われなかったが、沖縄はその後さらに大きな「世替わり」を経験した。いわゆる一九七二年の「日本復帰」である。「アメリカ世」から再びの「ヤマト世」ということになり、「日本の中の沖縄」を歩むことになった、というのが「世替わり」の大筋だろう。

とはいえ、「日本の中の沖縄」という語りが成立するためには、併合の暴力や同化政策という形をとった文化収奪の覆い隠し、ないしは忘却がなければならない。あるときは無理やり日本国の内部に組み込み、あるときはトカゲがしっぽを切り離すように外部に排除することによって国家としての日本は延命してきた。沖縄という時空は、いわば日本が膨らんだり縮んだりしながら生き延びていくための、都合のいいように書き換え可能な〈境界〉であったということである。このような経験は、しかし、沖縄の人びとの歴史意識に刻まれ、日本〈の〉というフレームを流動化し、それが可変的で組み替え可能なものであることを教えもした。

最近このことを裏付ける興味深いアンケート調査結果が紹介されていた(「沖縄タイムス」二〇

〇六年一月一日〜十日）。林泉忠琉球大学助教授が共通の歴史体験を持つ沖縄・台湾・香港・マカオという辺境アジアの躍動するアイデンティティを問い、その異同を比較しつつそれぞれの特徴を分析していた。四項目の質問からなるが、なかでも興味深いのは「沖縄住民のアイデンティティ意識の構造」と「独立の是非をめぐる住民意識」に関する調査結果である。「ご自身のことを沖縄人だと思いますか、それとも日本人だと思いますか？　または、沖縄人で日本人でもあると思いますか？」という問いに対し、沖縄人四〇・六％、日本人二一・三％、沖縄人で日本人三六・五％となっている。また「独立の是非をめぐる比較」では、独立すべきが二四・九％、四人に一人が沖縄独立を考えているのである。

このアンケート調査からは、「日本の中の沖縄」という囲いには収まらない、私なりの見方をすれば、領土を限る球形の内部から三〇度の角度ではみでる異化する沖縄の姿が見えてくる。「日本復帰」後三十四年にしてなおこのような問いが成立し、日本のナショナルナラティブ（国民的語り）への内属をよしとしない躍動する意識をもっていることはもっと注目されてよい。このことを抜きにして沖縄像を固定化することは反動である。

辺境アジアに飛び石状に点在している心理地図。いまだなお日本の領土や主権に一義的に回収されない〈内的境界〉の実存。高嶺剛が映画『夢幻琉球・つるヘンリー』で、「……大和ぬ世から沖縄世　誰のものでもない　くぬ沖縄」と「新時代の流れ」を書き入れたことは、沖縄の〈内的境界〉を日本という球形の内部からアジアに向かって開く試みであった。沖縄の人々は〈内的境界〉を発動する権利を留保したままである。

国の未来へ等しく責任

高良　倉吉

沖縄は日本の「中」であるべきか、それとも「外」であるべきかを決めるのは、言うまでもなく沖縄に住む人々の意思である。

「外」に居たいと願望した場合、その際の政治的な選択肢は自立、すなわち独立を志向することとなる。断るまでもないと思うが、地方分権や道州制などによって沖縄が大きな自治権を得たとしても、それは日本という国家の枠組みに属したうえでの話であり、日本からの独立を意味するわけではない。

戦後のアメリカ統治時代の二十七年間を差し引くと、沖縄県百年の歴史において、独立を掲げて活動し、社会的に一定の影響力を発揮した政治結社や政党は沖縄に一つも生まれなかった。そして今なお、独立を訴える政治勢力は沖縄に存在しない。

「沖縄問題」と呼ばれる「問題」は、政治的次元での独立論というテーマではないことをまずは知るべきである。

　では、「沖縄問題」の「問題」とは何だろうか。

　その一つは、二つの異なる位相に根ざすアイデンティティの葛藤や矛盾から立ち上がっている。沖縄は日本の一員であるという帰属性に根ざすアイデンティティと、沖縄は沖縄であるという自己意識に属すアイデンティティとが、対ヤマト（沖縄以外の日本）を意識した場面において「問題」として浮上するという構図である。

　注意すべき点は、この場合の「問題」作成者はウチナーンチュ（沖縄人）のほうであり、ヤマトの者たちはその「問題」に耳を傾ける存在であるか、さもなくば「問題」の理解者や支援者であることを求められる点である。

　なぜ「問題」作成者はウチナーンチュのほうなのか。その理由は、日本の一員であるという現実が沖縄のアイデンティティをしばしば傷つけ、耐え難いリスクを負わせてきた、という認識が存在するためだ。沖縄というアイデンティティは、ヤマトを批判できる十分な根拠となりうる、ということなのである。

　そのような構図を帯びた「問題」を指して、私はあえて「被害者意識」と呼び、批判的な意見や不調和感を投げかけてきた。地元沖縄の言論界で激しい非難を浴びながら、その主張を繰り返し言い続けてきたのである。

　一八七九年（明治十二年）春、琉球王国は廃止され、沖縄は強引なかたちで日本の一員となった。一九四五年（昭和二十年）夏の日本敗戦の結果、沖縄は二十七年に及ぶアメリカ統治下にも置かれた。そして今、日本の安全保障の根幹をなす日米同盟のもとで、沖縄はアメリカ軍基地の七割余を負担させられ続けている。過去と現在をじっくり見つめれば、ものを言いたくなる根拠を沖縄からいくらでも見出すことができる。

しかし、あえて言うが、主張を行う際の立脚点が大事なのだと私は思う。

沖縄の経験や思いをふまえて、日本という国の将来像をどう描くべきかについて考えたい。被害者としての意識を持つとしても、それを携えながら、日本という国の自画像を描く大きな作業のために、沖縄はどのように参画できるのかを問いたい。そのためには、沖縄自身の主体をどのように構築できるか、このことが沖縄に問われているのだと思いたい。

言うまでもなく、沖縄は日本の「中」にある。それゆえにこそ、日本という国の将来のあり方について責務を負う主体の一つなのだ、と思う。

日本は決して「一つ」ではない。ヤマトのみで成り立つ平板な国などではなく、少なくとも沖縄のような強い自己意識を持つ地域を含みつつ、今なお不断に形成され続ける社会である。

沖縄を含む日本社会が激しく変貌するこの時代にあって、この国のかたちをどうするか、それは等しく沖縄びとも責任を負う課題なのだ、という立脚点を大切にしたいのだ。明日《あした》のために、すぐれて将来の日本のために、「沖縄問題」の「問題」を活かすスタンスを、私の場合は保持し続けたいと思う。

「日本留学」世代の意識

葛藤抱え「植民地」自覚

仲里　効

３７４５３９。一九六七年にＵＳＣＡＲ（米国民政府）によって発行された私のパスポートナンバーである。その「日本渡航証明書」には、最初に海を渡った日付やその後「出国」と「入国」を繰り返したことを証明する入国審査官のスタンプが押され、セピア色に変色した学生服に坊主頭の顔写真には「ＲＹＵＫＹＵＳ」の鮮やかな文字が印されていた。

この「ＲＹＵＫＹＵＳ」の印は、沖縄に君臨する米国民政府という名の至上の権力によるものであったが、そうした沖縄の地位を黙認してきたもうひとつの「潜在主権」的権力の存在があったこともまたはっきりしている。パスポートを持って海を渡り、沖縄と本土日本を往来したこと、このことは沖縄の戦後世代にとって決して小さくない意味をもっていた。

USCAR発行の「日本渡航証明書」をもって私（たち）が「日本留学」した時代は、また沖縄では「祖国復帰運動」がもっとも高揚していった時期でもあった。沖縄をアメリカの施政権下に置くことの法制度的根拠となったサンフランシスコ講和条約が発効されたのが一九五二年四月二十八日だったことから、その日を「屈辱の日」とみなし、ヨン・ニー・パーなどとも呼ばれた当日は、沖縄本島最北端の辺戸岬と日本最南端の与論島でかがり火がたかれ、二十七度線上では海上集会が開かれ、与儀公園では復帰要求県民大会が行われた。復帰運動のテーマソングともいわれた「沖縄を返せ」の中の「民族の怒りに燃ゆる島」の、〈民族〉への一体化に焦がれた、というわけである。

「祖国復帰運動」にもっとも熱心だったのが沖縄の先生たちであったこともあって、当時の沖縄の子らは、沖縄の先生たちから「民族の怒り」なるものや「祖国」なるものや「日本人（国民）」なるものへの憧れを注入された。沖縄の団塊の世代といわれる私たちは、いわばその熱風をまともに受けることになった。当時の沖縄教職員会の教育研究集会や四・二八特設授業などの実践報告には、沖縄の先生たちがいかに「日本人（国民）意識」を育てるのに情熱を傾けたかが記されていたし、小中高校の作文集には「祖国」や「日本人意識」なるものが内面化されていく涙ぐましいほどの努力の跡が刻まれていた。

「日本留学」にはこうした沖縄の先生たちによる「祖国へ帰る」ことと「日本人（国民）にな

る」ことが少なからぬ比重で投影されていたことは間違いない。多くの留学生たちはそんな内面化された憧憬を胸に、二十七度線を越えてニッポンへ渡った。

では、こうして海を渡った「ＲＹＵＫＹＵＳ」たちは、その後何を体験し、どのようなコースを歩んだのか。むろんひと括りにはできないことはいうまでもないが、実際の「祖国」はアメリカ占領下の沖縄で熱く焦がれたようなものではなかったことに立ち竦んだ。その立ち竦みから、ますますの同一化への志向を強めるか、避けようもない溝を発見し、同化とは異なる別の主体の回路の発見へと旅立つかのいずれかに分かれた。手っ取り早い言葉でいえば、同化と異化ということになろうが、その振れ幅のなかに、六〇年代後半から七〇年代初めにかけての「出沖縄」の経験史の特徴があったといえよう。

こうしたいわば「日本留学」世代が抱え込んだ齟齬《そご》や葛藤の形は「被植民地」出身者に共通する精神の系譜といえよう。「ＲＹＵＫＹＵＳ」を刻印されたパスポートをもって海を渡った体験とは、いわば、私のなかにある植民地主義的な身体を自覚する過程であった、といっても過言ではない。それは沖縄の近現代史の正典には決して書かれることはなかった。

「祖国」の街角にたって、振り返ったむこうの群島には国家や民族の倒立した像が揺れていた。私は私の内部を覗き込んだ。そこには異貌の生き物が瞬きしていた。沖縄とは、沖縄にとって日本とは、そして私とは何か。その問いによって召還されるものこそ、あのカノンにはない沖縄という群島の地政学的な想像力であった。セピア色の「ＲＹＵＫＹＵＳ」の印には、こんな私の脱出と帰還をめぐる旅の記録が書き込まれていた。

ヤマト政治に不調和感

高良　倉吉

あの頃、アメリカ統治時代の沖縄の若者たちはパスポートを手に、「祖国」日本の大学に進学した。旅立った島は基地オキナワであり、住民の生活水準は日本本土に比べるとかなり遅れていた。若者の多くはそのような現実の中で成長していたので、本土の大学で自分を磨き、発展途上国の状態にある郷土に寄与できる人材になりたい、との思いを懐《だ》いていたはずである。

私の場合は、一九六七年から七三年までの六年間、愛知県と京都府の大学で学んだ。中国で文化大革命が起こり、ベトナム戦争は泥沼化の様相を深め、全国で「大学闘争」が吹き荒れた時代である。そして、その時代は「沖縄返還問題」が耳目をあつめた時期でもあった。

二、三度政治集会に参加したことはあるが、私は政治的な活動に対して意識的に距離を置いていた。というよりも、目前の政治との間に距離を設定するという営みそのものに、私なりの政治的な意図を込めていた、というべきかもしれない。

正直に告白すれば、六年間の学生生活において、私が帯びた深い感情は、ヤマト（沖縄以外の日本）という土地の「今」に対する強い不調和感だった。ここには沖縄に共鳴できる意思が薄く、文化大革命やベトナム戦争、「大学闘争」などと同系列の問題としての「沖縄返還問題」しかない、という不信感である。そのような「問題」群に傾斜する政治状況に対しては、感情的な距離を置くしかなかった。

「沖縄返還問題」の当事者の一人であるはずのあの沖縄では、目を覆いたくなるほどの生活現実が存在していたのだ。アメリカ統治は横暴であり、沖縄住民はぎりぎりの抵抗を続けていた。医療制度が不備であったために、心臓の難病をかかえる娘を連れて鹿児島の大学病院に通う父親がいた。夏休みで沖縄に帰る船を待つために、鹿児島の小さな旅館に宿泊した際にその父娘に出会ったのだが、「家財を売り払う覚悟で、ここに来ています」と私に説明していた。そういう沖縄の現実に対する想像力を置き去りにしたままで、「沖縄返還問題」が争われている構図に、不調和をおぼえたのである。

政治的な状況に密着する代わりに、私は伊波普猷《いはふゆう》（一八七六〜一九四七）の著作をむさぼるように読んだ。彼は、沖縄はなぜ沖縄なのか、沖縄はなぜ日本なのかという問いを引き受けて、その答えを見つけるために沖縄の歴史と文化を研究した先達であった。彼が生きて活動した明治・大正そして昭和戦前期の課題を、アメリカ統治のこの時代に立って、同時にまた、アメリカ統治の向こう側で待つ時代のことを展望しながら、伊波普猷の志の一部を引き受けようと思った。

歴史という方法を用いて沖縄像に付加価値を付けたい、というのが私が見出したテーマであった。日本にどのような姿で「返還」されるべき島々か、安保体制の是非と基地オキナワの関係をどう見るか、などといった争点に回収されないところの、沖縄それ自体のための沖縄像を歴史として描きたい、という課題である。

その歴史語りは、まず沖縄に住む人々のためのものであった。彼や彼女が納得し、共鳴してくれるような歴史を提示したかった。その作業に一定の目途が付いたとき、私の沖縄歴史論をヤマトに「輸出」したいと思った。ヤマトの状況において手際よく回収されることのない、取り扱い困難な、「総体としての沖縄像」を歴史として唱えたいと考えたのである。

純粋な立場に立つ歴史研究（そのような学問がもしあるとすれば）と私のささやかな研究は、性格が異なる。明確な意図を持ち、戦略性を内包している。歴史という方法を武器に、沖縄像形成をめぐる「付加価値の戦場」で孤軍奮闘する一兵士の姿に似ている。したがって、明らかに「政治的」な営みに属する。

そのような活動の根底に居座る動機は、学生時代に感得したヤマトでのあの不調和感であり、同時にまた、あの頃の「政治」に対する私なりの持続的なアンチテーゼに発すると思っている。

〈日本への「留学」〉　アメリカ統治時代、日本本土の大学への進学を支援する国費・自費学生制度があった。一般の入試とは別に沖縄出身者の定員枠を設ける制度で、「国費」の場合は、日本政府から学費が給与された。沖縄復興を担う人材育成という目的があり、特に医師養成に大きな役割を果たした。「自費」は一九七二年の本土復帰で廃止になったが、「国費」は八〇年まで続いた。合わせて約四千人が

「留学」した。また、米陸軍省の援助で米国へ留学する制度も七〇年まであり、約千人が活用した。

ウチナーンチュとは

沖縄戦体験通じて獲得

仲里　効

「艦砲ぬ喰ぇーぬくさー」という新作琉球民謡がある。一九六九年に比嘉恒敏によって作詞・作曲されたものだが、最後の歌詞は「我親喰たる　あぬ戦　我島喰たる　あぬ艦砲　生まり変わていん　忘らりゆみ（中略）うんじゅん　わんにん　いゃーん　わんにん　艦砲ぬ喰ぇーぬくさー」（私の親を喰った　あの戦争　私の島を喰った　あの艦砲　生まれ変わっても　忘れられようか〈中略〉貴方も　私も　お前も　俺も　艦砲の喰い残し）となっている。

リフレーンされる「うんじゅん　わんにん　いゃーん　わんにん　艦砲ぬ喰ぇーぬくさー」か

らは、沖縄戦の凄まじさと同時に、生き残った者たちが抱え込んだ意識がどのようなものであったかを知ることができる。

なぜこの歌を援用したかといえば、沖縄の人たちの歴史体験や自・他認識を典型的に歌い上げたものであること、そしてそれは沖縄戦体験によって獲得されたものであるということをいいたかったからである。つまり、「沖縄人概念」とは、言語学や民俗学などの実証の中でピンで止められるような死んだ概念ではなく、また自然のように〈ある〉ということでもない。生々しい歴史的現実を潜りぬけることによって〈なる〉ということの内で見出されるものだ。

沖縄と沖縄人概念にインパクトを与えたのは、いうまでもなく明治の琉球処分によって併合されて以降、政治的、教育的権力を動員しながら、間断なく遂行された皇民化・日本への同化政策であった。沖縄の色や臭いのついたものを脱色・漂白していくやり口は、何も戦前に限られたものではなく、戦後は日本復帰運動の中で内面化されてきた。

けれども、百年以上の時を経てもなお、日本（人）に同化しない意識の動態があることは、第二回目でも紹介した「辺境アジアの躍動するアイデンティティ意識調査」で見た通りである。ウチナーンチュとは、選択的・行為遂行的概念で、現実との抗いを介在させた〈なる〉という動詞の中ではじめて立ち上げられ、実存する意識だといえよう。

そうした〈なる〉こととしての「オキナワ的なボク」を生きたケースを、五〇年代末から六〇年代初期における、沖縄の戦後青春の軌跡としての中屋幸吉の遺稿集『名前よ立って歩け』に見ることができる。当初、中屋は米軍占領下の不条理性からの脱出を「日本復帰運動」に求めていたが、そのことを決定的に変えたのは、六二年八月から九月にかけて四十日間暮らした本土・東京体験であった。

上京日誌の最後の日付をもつ、鹿児島から沖縄に帰る船上で書かれたノートには、それまでの思考の方位を転回させるように「オキナワ、あまりにもオキナワ人らしいボク。日本人というには、あまりにオキナワ的なボク。オキナワ的思惟方法。オキナワ的現実認識。オキナワ的存在形態とその把握。（中略）私がオキナワでなくなったとき、私は、何になるか。日本人か国籍不明（正体不明）か。私の生みの親であり、もう一つの私であるオキナワ。私からオキナワがなくなる時があるか。私は、世界人であるべきであり、オキナワ人であっては、いけないか。世界をオキナワからみてはいけないか。世界の内部にオキナワがあるとして……。」と、半問いかけの形をとった覚醒と〈沖縄への帰還〉を書き込んでいた。

これは、フランスの植民地マルチニック島出身のエメ・セゼールが『帰郷ノート』で「苦しみのコンパスで計られたネグリチュード」といった、〈ネグリチュード〉（黒人性）にたとえたとしても決して不当ではない。フランス的普遍が内懐する植民地主義への同化という道から脱出する、ニグロ性への覚醒であった。

中屋幸吉が「思惟方法」「現実認識」「存在形態とその把握」といったのは、沖縄への〈まなざし返し〉と、沖縄人であることの〈選び直し〉という、きわめてアクチュアルなものである。決して日本人（国民）意識に内属されることのない「苦しみのコンパスで計られた」もので、後にそれは「反復帰・反国家」の思想として時代の文脈に鋭角的に流れ込んでいった。

「特権意識」帯びると不毛

高良　倉吉

沖縄という土地に住む人々が、自己と「他者」を区別するために、自らのことをどのように称してきたか、という問題を歴史的に語ることは割愛する。むしろ、現代を考える手がかりの一つとして扱いたい。

ウチナーンチュという言い方は、沖縄（ウチナー）と人（チュ）の合成語であるから、普通に言えば「沖縄人」という意味である。したがって、沖縄に住む人々、沖縄出身者のこと、あるいは様々な記憶を持つ沖縄という土地の居住者、その土地に帰属するという意識を懐《いだ》く私やあなたのことだ、と規定できる。

その場合、ウチナーンチュである私たちと、そうではないあなたたち、という自己・他者意識が根底に存在する。他者に据えられているのは中国人やアメリカ人などではなく、もっぱらヤマト、ナイチ（内地）、本土の名で呼ばれる土地に住む日本人か、そこの出身者である。

つまり、ウチナーンチュという自己は、ヤマトゥンチュ（沖縄以外の日本人）という他者を意識する場面において立ち上がる自己規定のことばである。

このことばについて言いたい点が二つある。一つは、ウチナーンチュということばに含まれるところの、私やあなたは決して一枚岩ではないことだ。

沖縄県を構成する宮古や八重山に住む人々は県人口の八パーセント程度だが、その人々は自らのことをウチナーンチュと言うだろうか。宮古島や石垣島ではなく、さらに小さな離島、たとえば多良間島《たらま》や与那国島《よなぐに》の住民は自分のことをウチナーンチュと呼ぶだろうか。さらに言えば、沖縄と歴史的・文化的に近い関係にある鹿児島県の奄美諸島の人々は、自己をウチナーンチュと称するだろうか。明らかに、空間的な温度差が存在する。

両親のどちらかが沖縄出身者で、片方は他府県の出身者か外国人であるとした場合、その子は自分のことをウチナーンチュであると語るべきだろうか。両親はウチナーンチュだが、大阪やブラジルで生まれた者は、自分のことを何と呼ぶべきだろうか。三十年余も沖縄に住む福岡県の出身者は、いつまでもウチナーンチュと称することはできないのであろうか。

ようするに、ウチナーンチュということばは曖昧である、という実態を肝に銘ずることである。

もう一つは、それでもなおウチナーンチュと称したいときには、そのことばを特権化しないことだ。「沖縄問題」を語れる有資格者はウチナーンチュであるとか、「沖縄問題」の真の「問題」作成者はウチナーンチュであるとか、そういう思い上がりに居座り続ける意識を許さないことである。

宮古島と石垣島のほぼ中間に、多良間島がある。私はここ三十年来、その島に通い歴史を勉強してきた。多良間島は行政的には宮古郡に属するが、市町村合併の際には他の島々に距離を置き、「宮古島市」に加わらなかった。人口千四百人程度の小さな島の、苦渋の選択だったのだと思う。多良間島は宮古全体に対して独自だという意識があり、宮古は沖縄全体に対して独自だとの意識を持つ。そのように独自だという意識群を内部に抱え込むところの重層性が、沖縄という独自性の内面に横たわっている。

十年ほど前、父親がアメリカ兵だという若い女性と話す機会があった。彼女は自分のことを、「アメリカン・オキナワン・ジャパニーズ」だと説明していた。

沖縄という土地は、様々な出自を持つ人々が参加し、形成され続けている社会である。その参加メンバーの一人が、ウチナーンチュと称する者であることは必須条件であるが、しかし、圧倒的な多数派である彼らがその他のメンバーを排除し、自分のみが沖縄の形成者であるという特権意識を帯びたとき、このことばはたちまち不毛となる。

今という時代を呼吸し、そのうえで絶えず鍛え、磨かれる概念であるときにおいてのみ、ウチナーンチュということばに未来があるのだと思う。

〈世界のウチナーンチュ〉 海外の日系人のうち、沖縄県出身者とその子孫のことを同県ではとくに「沖縄県系人」と呼んでいる。推計で約三十五万人。一八九九年、ハワイへ二十七人が移住したのが最初で、その後、南米への移民が増えた。ペルーやアルゼンチンでは日系人の七割を占め、スペイン語で「ハポネス（日系人）」とは別に「オキナワエンス（沖縄県系人）」との言葉もある。一九九〇年、「第一回世界のウチナーンチュ大会」が開かれ、海外から二千四百人が沖縄に〝里帰り〟した。去年十月には第四回大会が開催された。

基地オキナワという現実

米と戦後日本の共犯性

仲里　効

「日本の戦後をひと言でいいあてよ、といわれれば、アメリカニゼーションだ」といったのは、写真家の東松照明であった。基地の金網から「アメリカ」がじわりじわりと浸透していくイメージともいっていた。その東松照明が「アメリカニゼーション」をたしかめる最後の場所として沖縄に足を運んだのは一九六九年であったが、そのときに撮った写真が沖縄三部作の最初の写真集となる『ＯＫＩＮＡＷＡ　沖縄　ＯＫＩＮＡＷＡ』であった。ベトナム戦争の出撃・補給・後方支援・保養慰安基地と化した沖縄の表情と、沖縄民衆の抵抗のダイナミズムを撮り下ろしたドキュメンタリーフォトといってもよい。

だが、ここに収められている一枚一枚の写真から伝わってくるのは、「アメリカニゼーション」の検証という沖縄渡航の目的が、実際に沖縄の現実を目の当たりにして決定的に変更を迫られたということである。それは「沖縄の中に基地があるのではなく、基地の中に沖縄がある」というもう一つのタイトル名からも想像できるが、何か禍々《まがまが》しい力によって空間が歪み、不安定に揺れているアレ・ブレの映像の力が喚起する暴力的なイメージによって感じ取ることができる。

つまり、写真家が基地のフェンスから日本の戦後社会に〈アメリカ〉が浸透するといった、その「浸透」という緩やかで穏やかなイメージは、沖縄の現実によって根底から書き換えられた、ということである。いや、そういっただけでは何かが足りない。日本の戦後社会はアメリカニゼーションの「浸透」をその成り立ちの条件にしたのだとすれば、その外部でアメリカの軍事植民地として、剝き出しの占領下におかれたのが沖縄であった。もっといえば、日本の戦後を特徴づけるとされる「平和」や「民主主義」や「経済的繁栄」といわれるものと、それをフレーミングする（形づくる）憲法体制は、沖縄を切断し、アメリカの軍事的ネットに隔離することによって保障された、ということである。

「アメリカニゼーション」とは、沖縄においては〈暴力性〉の別名である。「浸透」という緩やかな線の運動としてではなく、コロニアルな専制力として沖縄社会を切断し、歪ませる。だからこそ写真家は「沖縄に基地があるのではなく、基地の中に沖縄がある」という揺るぎない目で沖縄の不条理性をいいあてたのである。『ＯＫＩＮＡＷＡ　沖縄　ＯＫＩＮＡＷＡ』という名付けには、沖縄の時空を占領のネットに「包囲」する軍事植民地を強くイメージさせる。日本と沖縄の戦後の非対称性。この非対称性は、「アメリカニゼーション」の浸透とそれに内属された戦後日本による共犯性を抜きにしては語れないだろう。

そもそも基地沖縄を決定づけた起源の不条理は、沖縄戦と日本の独立と引き換えに沖縄をアメリカの占領下においた講和条約にあったが、より深刻なのは一九七二年の「日本復帰」後もなお、そうした理不尽さが解約されない状態で放置されたままであるということである。アメリカが沖縄の施政権を日本に返還したのは、「基地の自由使用」という担保があったということは、沖縄の現在が教えるところでもある。

こうした、変わらない軍事植民地沖縄の現実は、一九九五年の少女レイプ事件によってもっとも不幸な形で現れたし、二〇〇一年の九・一一テロ後、最高度の警戒態勢としての「コンディションデルタ」が発令された戒厳下の沖縄がペンタゴンと直結していることをみせつけもした。そして、二〇〇四年八月に普天間基地所属の米軍大型ヘリが沖縄国際大学構内へ墜落炎上した事故は、「主権」という概念さえ無化するアメリカ軍の〈例外的特権〉とそれを追認した日本政府の態度に装置化されている、沖縄という場で絡み合った日米の軍事同盟と安全保障論の排他性を前景化した。

基地オキナワという現実は、一人の優れた写真家によって示された「アメリカニゼーション」の違いや、戦後日本の起源に構造化され、いまなお持続する沖縄と日本の非対称性を読み破ることなしには、その核心は見えてこないだろう。

安全保障の赤裸々な姿

高良　倉吉

太平洋戦争末期において、日米両軍が地上戦の舞台に沖縄を選んだこと、そしてその大戦に日本が敗北したこと、結果として敗戦国日本に対する占領統治が行われたこと、それらが沖縄の基地化の初期条件だったといえる。そのうえで、西側陣営の一員としての日本の戦後復興と対米関係の構築が、沖縄の基地化プロセスを決定づけた。

現実に起こった事態は、日本からの沖縄の分断とアメリカによる軍事統治、そして、冷戦下における沖縄という土地の徹底的な要塞化であった。

出現した基地面積とその機能の大きさ、また、それを維持するために投入された人員や資金の大きさは圧倒的であり、瞬く間に沖縄の風景を一変させることになった。その現実は、戦争以前には貧しい辺境の島であった沖縄とは明らかに別物の、暴力装置としてのアメリカナイズされた異空間であった。

戦後に生まれたその状況の本質は、一言でいえば、日本の安全保障の赤裸々な姿である。沖縄をアメリカに差し出すことによって、日本本土（沖縄の人はヤマトという）の占領を終わらせ、同時にまた、沖縄の要塞化が推進されることを通じて日米安保体制は現実的な根拠を得た。つまり、日米安保と基地オキナワは、アメリカに依存する戦後日本の安全保障というメダルの表と裏であった。

一九七二年の沖縄返還とは、基地オキナワの状態を内国化し、それを日米安保体制（日米同盟）の枠組みに位置づけ直したものであり、沖縄の側から見るとその実態に根本的な変化はなかった、と私は思う。

このような基地オキナワという現実から派生する様々な問題群を前にすれば、言いたいことは山ほどもある。なぜ沖縄だけが、戦後六〇年余の期間にわたって、こうした現実を引き受けさせられているのか、不満や批判は尽きない。

しかし、あえて言うが、ここから先の私の思考のステップは沖縄の支配的な言説とは異なる。基地をめぐる現実を指弾し、告発する沖縄とうなだれるヤマトという構図にだけは陥りたくない。「基地被害」の根絶や「基地負担」の軽減を促す点ではその構図にも意味はあるが、基地オキナワを規定する根本的な問題に届くとは思えないからだ。

真の論点は、この国の安全保障のかたちをどうするか、である。

アメリカ軍や自衛隊を含むすべての軍隊を平和の敵とみなし、その全廃を叫ぶことによって基地オキナワという現実を解消するのか。外国の軍隊を日本からすべて撤退させ、それに代わる日本独自の軍備を増強することによって、基地オキナワを完全に内国化し解決を図るのか。それとも、日米同盟を当面は運用しながら、基地オキナワが含むところの問題群を目に見えるかたちで解決しようとするのか。あるいは、沖縄を日本から分離・独立させ、基地問題に対する対応を沖縄住民の意思に完全にゆだねてしまうのか。

私自身は、「日米同盟を当面は運用しながら、基地オキナワが含むところの問題群を目に見えるかたちで解決」する、という立場に立つことを、二〇〇〇年三月に発表した「沖縄イニシアティブのために」以来くりかえし強調してきた。当然のことながら、沖縄の知識人たちに「基地容認論者」というレッテルを貼られ、厳しい非難を浴びせられている。

私個人が「非県民」扱いされることには何の痛みもない。ただ、無念に感じることは、基地オキナワという現実を変えるためには、「基地被害」や「基地負担」というカードにのみ頼るのではなく、この国の安全保障のかたちにとって沖縄とは何であるのか、というカードこそ示すべきだと提示したはずの意思が黙殺されていることだ。

この国の安全保障のかたちを問うことがなければ、地上戦を体験し、アメリカ統治を味わい、基地という現実に呻吟するところの、問題提起者としての沖縄の目標を失うことになる。

私が立つ時代は過去の出来事ではない。今であり、そして明日のための今日である。その責務を自覚するがゆえに、基地オキナワという現実の打開を目指す途《みち》を、私なりに模索し続けたいと思う。

〈沖縄の米軍基地〉　沖縄県の面積は国土の〇・六%に過ぎないが、在日米軍の施設面積のうち約七五%が集中し、県土面積の約一一%を占める。嘉手納基地（嘉手納町など）は約二千ヘクタールに及ぶ極東最大の米空軍基地で、宜野湾市市街地にある海兵隊の普天間飛行場は、騒音被害や事故の危険性から、沖縄の米軍基地問題の象徴と言われる。沖縄の日本復帰にあたり、日米両政府が結んだ沖縄返還協定で、施政権は日本に返還された。しかし、沖縄の米軍基地はそのまま維持され、その軍事的機能が低下しないようにすることとされた。

沖縄振興策の評価

「軍事植民地」覆い隠す

仲里　効

沖縄イメージを代表する指標に「青い海・青い空」と並んで「健康・長寿」「ホスピタリティ」などが挙げられる。ところがその指標が揺らぎはじめている。その最初の兆候となったのが、九〇年代後半に明らかになった男性の自殺率の高さであった。

そして、その次にきたのが「健康・長寿」指標の崩壊であった。いわゆる二〇〇〇年の「26ショック」である。沖縄の男性の平均寿命が全国四位から一気に二十六位に急落したことで、その衝撃の大きさからいわれた。原因は肥満であった。「欧米型食生活」や「夜型社会」や「車社会」

などの沖縄社会の特徴がもたらした複合汚染だという。

この「肥満地獄・沖縄」の姿は、軍用地料だの基地周辺整備資金だの、基地と絡んで注ぎ込まれる補助金や「沖縄振興」という名のカンフル剤を投与されつづけることで、国家に依存させられた沖縄の姿を連想してしまう。見かけは華やかでもその中味はボロボロの社会的な身体。これはまた、山城千佳子の映像作品『オキナワツーリスト』の中の「I like Okinawa Sweet」で描かれた、基地のフェンスに寄りかかり、何者かにアイスクリームを与えられ、嬉々としてむさぼり続ける女性の姿を思い起こさせる。甘物中毒に陥って恍惚とする女性とフェンスの風景に麻痺させられた沖縄の日常が重ねられていた。

七二年の「日本復帰」後、「沖縄の各面にわたる本土との格差を早急に是正し、全域にわたって国民的標準を確保するとともに、そのすぐれた地域的特性を生かすことによって、自立的発展の基礎条件を整備」することを目標に、十年単位で「沖縄振興開発計画」が策定され、現在も沖縄振興特別法によって引き継がれている。だが注ぎ込まれた莫大な資金の八、九割は、道路、空港、港湾、義務教育施設などの公共投資で占められている。「自立的発展の基礎条件の整備」というたい文句とは逆に、国の財政に依存するいびつな体質を構造的につくりだしてしまった。

ここでは、日本政府の隠された二つの意図が読めることに注目してみたい。その一つは、「全域にわたって国民的標準を確保する」ということであるが、「格差是正」というポジティブイメージによって沖縄的個性を消去し、あらゆる領域での本土との一体化・系列化・画一化が目指されている。いわば、同化と統合のエコノミーがみてとれる。

とすれば、二つめの「そのすぐれた地域的特性を生かす」ということに含意されるものとは、経済的な意味での「日本の南の拠点」という位置づけはあるにしても、そこで問わずに語られている〈日米安保の要〉としての軍事的意図を見逃すことはできない。そもそも沖縄返還とは、基地機能をそのままにしての日米共同管理体制への移行であったことからして、「南の拠点」が意味するものは経済行為に一義的に限定されるものではないはずだ。

そのことは、例えば復帰後、軍用地料が跳ね上げられたことから「基地周辺整備法」による様々な事業まで、沖縄に投下される財政が基地を安定的に維持するための「対策資金」という側面を強くもっていることからも明らかである。

とりわけ、基地受け入れと振興策をリンクさせることが露骨になったのは、九五年の米兵による少女暴行事件以降である。その事件をきっかけに激しくなった、沖縄の不満や抵抗を鎮めるために「日米特別行動委員会（SACO）特別事業」「沖縄米軍基地所在市町村に関する懇談会（島田懇談会）事業」「北部振興策」などが次々に講じられた。沖縄においては、「振興策」は統合と基地対策の〈文化政治〉であることをまざまざと見せつけられる。

それは沖縄の「全域にわたって」網の目状に張り巡らされている、もう一つの、だが、決して見えないフェンスを築き上げている。それだけに沖縄を内部から深く蝕む。そこには基地のフェンスに寄りかかり、恍惚と甘いものを食べつづける女性のように、軍事植民地化された沖縄の姿がある。「沖縄振興策」は軍事植民地を隠す「イチジクの葉」だということは、単なるメタファーではなく、消しようもない現実なのだ。

依存型経済を固定化

高良　倉吉

基幹産業である農業分野を除くと、戦前期の沖縄には多くの人々に職を提供できるほどの産業は育っていなかった。そのために、「余剰労働人口」は日本本土の工業地帯やハワイ・南米などに流出しており、出稼ぎ県・移民県としての構造がすっかり定着していた。「内地」や異国において辛酸をなめながら、やっとの思いで稼いだ彼らの送金によって、県経済はかろうじて再生産されていたのである。

アメリカ統治時代に出現した基地オキナワは、そのような沖縄の経済構造をラディカルに変えてしまった。基地は雇用を大規模に吸収できる「職場」となり、アメリカ兵相手のサービス業がいたるところで増殖を続けたからだ。その結果、出稼ぎや移民に出る人のほうは激減し、沖縄内部で金を稼ぎ生活できる新しい状況が生まれることになった。県人口は右肩上がりで着実に増加を続け、沖縄戦（一九四五年）からわずか十年後の一九五五年には八十万人の大台を突破し、戦争突入時の人口をはるかに超えてしまったのである。

しかし、沖縄に定住でき、この島で生活できる時代の実現は、同時にまた、深い陥穽を伴うものだった。県経済の柱に基地関連収入が居座るところの、いわゆる「基地経済」依存型の構造が定着したからだ。その構造はまた、経済というファクターの問題でありながらも、アメリカ側の「政治」的な思惑で操作できる流動性が付着するものだった。いわば「政治」主導の経済発展であり、地域経済としての自立性はきわめて脆弱だったといえる。

一九七二年の日本復帰からスタートする日本政府による沖縄振興策は、本土に比べて大幅に立ち遅れていたところの沖縄の社会資本の整備を行うことを目標としたが、その効果はたちまち各方面に現れた。道路や橋、港湾、空港、上下水道、ダム、公共施設などがまたたくまに整備されたために、アメリカ統治時代の経済発展などはもはや過去の思い出になってしまった。

経済大国日本の「格差是正」という名の集中的な公共事業の推進は、沖縄のインフラ整備のレベルを格段に引き上げ、生活環境の利便性を一気に高めたのである。

しかし、経済発展のかたわら、自然環境の破壊や「沖縄らしさの喪失」が随所に現れるなど、沖縄振興策には多くの問題も含まれている。何のために、なぜその事業を実施する必要があったのか、あまりの緊張感のなさに唖然たらせざるをえない事例も多いからだ。

だが、そのことよりも、私が危惧せざるをえないのは、インフラの蓄積や自然環境の劣化という現象の基底に横たわるところの根本的な問題点、すなわちこの土地の経済的自立性が依然として脆弱だということであり、その陥穽を直視することなしにはあらゆる議論が不毛に映る。

アメリカ統治時代に生まれた沖縄の依存型経済は、依存先が基地（アメリカ政府）から財政（日本政府）に移転しただけの話であり、地域経済（沖縄）の弱体性という構造そのものには何の変化もなかったのではないか。たしかに、振興策の推進によって個々の部門では大きな実績を挙げたが、沖縄経済の依存型体質のほうは固定化され、むしろ肥大化したのではないか。現実の事態で言えば、財政への大幅な依存をぬきに沖縄経済はもはや立ち行かない姿になってしまっている。

そういう経済構造は、基地オキナワを温存するための政府による意図的な仕掛けである、との指摘がある。つまり、かつてのアメリカ統治時代のように、「政治」が「経済」をコントロールする方式を踏襲したものだ、という訳なのだが、果たしてわが国の政府にそのような狡猾な戦略性があったかどうか、その評価は後世の歴史家に委ねたい。

ただ、今の問題として痛切に確認しておくべき点は、沖縄経済の基底に依然として財政依存型の構造が居座り続けている、という現実である。県人口はすでに百三十万人を超え順調に推移しているが、「陥穽」の側は、今なお「健在」であることだけは銘記せねばならない。

〈米軍再編と新振興策〉 米海兵隊普天間飛行場（宜野湾市）のキャンプ・シュワブ沿岸部（名護市）への移設案に関連して、政府は地元の理解を得るために、新たな振興策を策定することにしている。名護市と那覇市を結ぶ鉄道の建設、那覇空港の新滑走路建設が目玉で、ほかに、道路や港湾整備などを検討している。全体で数千億円の規模となる見通しだ。

アメリカ統治の時代

消せぬ暴力の記憶

仲里　効

アメリカはなぜ、二十七年間もの間沖縄を直接的な統治下においてきたのか。そしてそのことは、沖縄と沖縄の人々にとってどのような経験だったのか。この問いへの応えは、沖縄戦を抜きにしては語れないだろう。アジア・太平洋戦争でもっとも凄惨を極めた沖縄戦は、また、東アジアにおける「帝国／植民地体制」から「冷戦／分断体制」へ移行していく起点にもなった。

つまりこういうことである。「本土防衛」の「捨て石」とされたことからも分かるように、沖縄戦は近代アジアにおける唯一の帝国としての日本の植民地主義の無残な帰結であった。より問題だったのは、そうした過去が清算されないまま「極東の要石」として、冷戦体制に引きつがれていったということである。

沖縄戦を起点にして「帝国／植民地体制」から「冷戦／分断体制」への移行を決定づけたのが、対日講和条約第三条による沖縄の日本からの分断とアメリカの直接統治であった。そして日米合作の軍事植民地沖縄を構造づけたのが、日本の「残存主権」（後に「潜在主権」とされた）という概念だった。この「潜在主権」によってアメリカの沖縄占領とそれを日本が認めるという、国際的にも類をみない擬態を生んだのである。いわば「潜在主権」こそ、沖縄戦をはさんで〈それ以前〉の「帝国／植民地体制」と〈それ以後〉の「冷戦／分断体制」を沖縄において連結するものであったといっていい。

沖縄の分離支配は、アメリカの専制的なヘゲモニーの発動があったにしても、日本がそれを追認する〈合作〉だった意味を決して忘れてはならないだろう。この合作から極東の軍事的キーストーンは生み出された。沖縄戦の破壊の後にさらに巨大な軍事基地が建設され、沖縄の空間を裁断するようにフェンスが張り巡らされ、「沖縄の帝王」といわれた高等弁務官を頂点にした軍政が敷かれたばかりではなく、布令・布告が人権を蹂躙した。

こうしたアメリカの軍事的な植民地体制を、私は「Aサインの時代」と呼んでみたい。「Aサイン」とは、きびしい営業基準をクリアして米兵の立ち入りを許可されたバーやキャバレーや飲食店などに与えられた許可証のことで、許可＝ＡＰＰＲＯＶＥを意味する英語の頭文字をとったものであるが、この「Aサイン」に、アメリカの沖縄統治のシンボリックな表象をみることが可能である。「Aサイン」の〈A〉は、沖縄の政治、経済、社会などを占有し、統べる、オールマイティやオーソリティの〈A〉の意味をも含みもっているはずだ。

戦前、日本への同化政策で忌避された沖縄芝居や民謡などの伝統芸能の奨励、基地の街で雑草のように生まれたオキナワンロック、ベトナムの戦場へ向かうアメリカ兵と沖縄女性の色恋の乱調、そして少年／少女たちを魅了したドルやカーニバルのイリュージョン。「Aサインの時代」はポップスとしてのアメリカとの出合いでもあった。だが、そんな接触やアメリカの内在化があったにしても暴力の記憶を消すことはできない。

アメリカ兵に暴行され殺害された由美子ちゃん事件、青信号を渡っているところをひき殺され犯人の米兵は無罪となった国場君事件、多くの小学生の命を奪った宮森小学校へのジェット機墜落事故などなど、無数の死亡者台帳からなる「沖縄黒書」は今も生々しい。

アメリカ統治下の沖縄の経験を際立たせたのは〈ノン〉の実践史であった。土地の強制接収に対して沸き起こった島ぐるみ闘争、教育公務員二法阻止闘争、B52・毒ガス撤去闘争、労働基本権を剥奪された布令撤廃闘争からはじまり、基地で働くことの自己否定までつきつめていった全軍労闘争、そして「Aサイン」の〈A〉を根底から揺るがしたのがコザ暴動であった。これらは沖縄をめぐる日・米が絡み合った二重の植民地主義を脱する自己決定権の樹立まではいかなかったにしても、人びとの身体記憶として刻まれている。

暴力の記憶と抵抗の想像力。アメリカ占領の光と影、ということではない。影のなかに光を織り込んでいく被植民地化された人々の複雑な現実を生きる方法と智慧があった。

内省と自覚促した時間

高良　倉吉

一九四五年（昭和二十年）から七二年（同四七年）五月十四日までのアメリカ統治の二十七年間は、沖縄にとって激しい変容の時代であると同時に、深い内省を伴う時間だったように思う。われわれは何者なのか、何に帰属すべき存在なのか、という問いを刻む時間となったからだ。

「沖縄県」は、一八七九年（明治十二年）春に明治政府によって強引に設置されたが、それ以降の沖縄の近代は、いうなれば「日本化」プロセスが風靡した時代である。日本という国家に容易に一元化できないはずの歴史や文化を抱えながら、それをかざして自己を堂々と主張することができず、ただひたすら「日本人」になるための努力を強いられた。そのような居心地の悪い、不調和の時代を終わらせたのが、皮肉にも沖縄戦だったのである。

周知のように、沖縄戦は人口の約二五パーセントの人々の命を奪っただけでなく、琉球王国時代以来の有形文化遺産をも破壊した。戦場と化した郷土を彷徨《さまよ》いながら、住民は、頼みとする

「神国日本」の「友軍」が、赤裸々な矛盾を露呈しながら、圧倒的な軍事力を持つアメリカ軍に敗れる現実を目の当たりにしていた。

敗戦は、とりあえずは、日本という軛《くびき》から沖縄を「解放」する束の間のできごととして訪れた。しかし、その後にスタートするアメリカ統治は、それ以前の七十年近い「沖縄県」時代よりも、統治実態としては野蛮なものだった。冷戦下の戦略基地としての沖縄を形成することが最優先事項であり、住民生活などは二の次に置かれた。基地オキナワというむき出しの、新たな苦い軛が始まったのである。

戦前の「沖縄県」時代、そして戦後におけるアメリカ統治時代という二つのブックエンドにはさまれた狭い空間に立て並べられたところの、沖縄というテキストが良く見通せる状況が生まれた。そのような状況下で発せられた問いが、われわれは何者なのか、何に帰属すべき存在なのか、という問題だったのである。

圧倒的な読者が手にしたテキストは、われわれは「日本人」であり、「祖国日本」に帰属すべき存在である、と書かれた本だった。誰かに強制・誘導されて手にしたのではなく、基本的には、目前のアメリカ統治下を生きる人々の主体的な選択であった。

しかし、この選択には留保が付いていたのだと私は考える。居心地の悪い、不調和に満ちた戦前のあの時代の再来を願ったのでは断じてなく、沖縄戦を体験し、アメリカ統治という現実を経験しつつある者としての意思に立脚した決断だった。そうであるがゆえに、この選択は単純な「日本回帰」ではなく、平板な日本像には回収されない、むしろ、日本のあり方を問う意識を内包したうえで、そのうえで、日本への復帰という意思を示したのである。

アメリカ統治時代のいわば最前線であったコザ（現沖縄市）に、私は何度も足を運んだ。アメリカ兵が群れをなして闊歩するその街は、表向きはアメリカ色に染められているが、住民生活の側に近寄ってみると、伝統文化を継承しつつ、今という時代を呼吸する文化表現に満ちていた。エイサーやロック、島唄などの多様な表現を自分たちのものとする人々が健在であった。

その光景に触れるたびに、アメリカ統治という時代は、伝統を抱えながら、絶えず何かを創造し表現したいと思う沖縄びとの時間だったのだ、と感じた。そのような「時代意識」や「時代表現」を内蔵しながら、日本への復帰という選択は行われた。

一九七二年五月十五日は、制度のうえでの復帰が実現した画期ではある。しかし、二十七年ぶりに日本社会に戻った「沖縄県」は、もはや戦争以前の沖縄ではない。容易には日本像に回収されない、むしろ日本像のあり方を問う意識を有する土地としてカムバックしたのだ。そのような自覚を促した決定的な時間が、アメリカ統治時代だったといえるように思う。

〈アメリカの沖縄統治〉　サンフランシスコ条約発効後も軍事占領状態が続いた沖縄では、米軍の権限は無限だった。例えば、最高責任者の高等弁務官は、琉球立法院のすべての立法案を拒否し、制定された立法を四十五日以内に無効にし、琉球政府主席をはじめ、いかなる公務員も罷免する権限を持った。また、立法院議員選挙で野党側の候補者が米民政府によって当選を無効とされたり、米軍人の犯罪がしばしば無罪になったりする事態が相次いだ。七〇年には、米人の交通事故をきっかけに、それまで鬱積していた民衆の反米感情が爆発してコザ暴動が起こった。

日本復帰とは何だったのか

肥大化した日本帰一への幻想

仲里　効

一九七二年五月十五日、沖縄は日本に「復帰」した。私はその日を決して忘れないだろう。「忘れない」といったのは肯定的な意味からではない。沖縄の自立や自己決定の可能性が封殺されたという痛覚からなのだ。三十四年前のその日、いいようのない脱力感とやり場のない憤怒に煽られながら、雨で煙った東京の風景のなかをうろついていたことを思い出す。

その日はまた、沖縄も土砂降りだった、ということは後で知った。東京の日本武道館で行なわれた「沖縄復帰記念式典」で佐藤栄作首相は「戦争によって失われた領土を、平和のうちに外交交渉で回復したことは、史上きわめて稀なこと」と自賛し、那覇市民会館での「新沖縄県発足式典」では、「日本復帰運動」のシンボル的な存在で、最後の琉球政府主席にして戦後最初の沖縄県知事となった屋良朝苗が、「宣言。一九五二年四月一日に設立された琉球政府は、一九七二年五月十四日をもって解散し、昭和四十七年五月十五日、ここに沖縄県が発足したことを高らかに宣言いたします」と、感涙にむせんでいた。

この、二つの式典での二人の男による二つの宣言は、沖縄の「日本復帰」がどのような内実であったのかを鮮やかに表象していた。そこに共通しているのはナショナリズムの文脈である。つまり、「民族的悲願」や「国民的願望」としての祖国復帰・沖縄返還運動の心情と論理が、国家による併合の論理とペアの関係であることをまざまざと見せつけた。国家元首が「失われた領土の回復」を寿《ことほ》ぎ、植民地政体の首長である「主席」が、「琉球政府を沖縄県」に、「西暦を元号」に置き直したのは、内属のイニシエーションを物語っていた。

沖縄の戦後史は、日本を祖国と見立て、そこに帰ることに焦がれた軌跡を書き込んでいるが、米軍の支配が過酷であっただけに日本への帰一の幻想はいっそう肥大化していった。その肥大化した幻想はやがて国家によって逆用されていった。

アメリカによる分離支配から復帰・返還路線への転換を印したのは、一九六五年の佐藤首相の沖縄訪問であった。「沖縄の復帰が実現しない限り、日本の戦後は終わらない」と宣言したのはよく知られていることだが、「当地にきてハダで感じ、目で見、耳で聞いて本土と沖縄の一体化を積極的に進めるよう努力する」といっていた。この首相によって体現された国家としての日本の「ハダ」と「目」と「耳」が嗅《か》ぎ取った〈一体化〉路線は、復帰運動が抱懐し、いみじくも前回高良もいっていた「われわれは『日本人』であり、『祖国日本』に帰属すべき存在である」というナショナルな語りに呼びかけていたはずである。

その後、六七年の佐藤・ジョンソン共同声明によって沖縄の復帰・返還の方向性が示され、六九年の佐藤・ニクソン共同声明によって沖縄返還が決定することによって、併合の物語に接ぎ木されていった。こうした取り込みに対し復帰運動の側からは「真の復帰」とか「反戦復帰」を対置するが、「復帰」を原理的に純粋化すればするだけ、従属をより深くしていった。

問題は「復帰」思想そのものにあった。「復帰」思想の要諦を、沖縄の近・現代における人々の生き方や精神のあり方の問題として解剖し、国家としての日本へ同化・帰一していく没主体性を鋭く抉っていったのが新川明や川満信一らによって創出された「反復帰・反国家」の思想であった。それは沖縄の戦後史のリミットで自らを審問し、近代に遡行しながら、戦前と戦後の密通を暴き、復帰幻想や虚妄性を内側から破っていく、きわめてアクティブな知の実践であった。

一九七二年五月十五日、復帰記念式典が行なわれた隣の与儀公園では土砂降りのなか、泥土にまみれながら「沖縄処分抗議、佐藤内閣打倒、五・一五県民総決起大会」が開かれた。泥土を踏みしめた〈ノン〉の声は「われわれは『日本人』であり、『祖国日本』に帰属すべき存在である」という領土的な思考や単一の語りには接収されない射程をもっていた。

歴史のカノンからこぼれてポスト復帰の時空を潜流する異化の系譜。五月は沖縄にとって、私とは何か、我々はどこからきて、何処《いずこ》に行くのかを内省する季節である。

矛盾を含みつつ今も進行中

高良　倉吉

行政やメディアの間では、一九七二年（昭和四十七年）沖縄の日本復帰のことを「本土復帰」と呼ぶ場合が多い。率直に言えば、緊張感の薄いそのような言い方を目にするたびに、沖縄はどこに復帰したというのか、私などは暗澹たる気分に襲われる。「本土」は沖縄を除く日本のことであるから、その土地のどの場所に沖縄は復帰したというのだろうか。

日本国憲法を頂点とする国家体制を構築し、世界有数の経済大国として発展を続ける北の土地が「本土」であり、その場所に、「異民族統治」下にあった沖縄が吸収・合併されたという意味で「本土復帰」と言うのであろうか。

「本土」ではなく、日本に、沖縄は復帰した、と私は言いたい。

東西ドイツの統一が実現して十年ほど経った頃に、ベルリンのフンボルト大学で講演する機会があった。私を招いた面々が慰労会を開いてくれたのだが、その席でしきりに話題になったのは、戦争に敗れ分断されたところの国土が、当事者間の話し合いを通じてスムーズに再統一された好例としての沖縄についてであった。

「われわれは、沖縄という成功例についてもっと研究したうえで、統一ドイツが内包するはずの問題や課題を見通しておくべきだった」、と日本文学を研究する教授は深刻な顔で語った。その思いの底には、経済格差という問題よりも、精神面におけるドイツの「東」と「西」の深い温度差が依然として横たわるという現実があった。

しかし、果たしてそのような文脈における「成功例」が沖縄の日本復帰だったのだろうか。やや饒舌に、その「成功例」の内実にコメントせざるをえなかった。

沖縄の日本復帰という問題を評価する際に、看過できない重要な論点がいくつか存在する。その一つは、復帰以前において沖縄と「本土」が異なる統治形態にあったにせよ、両者ともにアメリカを盟主とする西側陣営の秩序下に位置したことである。そのために、日米安保体制下における重大な内部的手直しとして、沖縄の「施政権」返還について両政府は合意できた。

そのような日米関係が存在したためであるが、アメリカ統治下において、統治の根幹に触れない広い分野において「本土」の諸制度が沖縄には適用されていた。例えば、沖縄は通貨に米ドルを使用はしていたが、学校では「本土」の教科書を用いており、教師たちは「本土」で研修していたのである。つまり、統治の実権はアメリカが握っていたものの、制度的な面では沖縄と「本土」の一体的な状況がかなり進行していた。

そして、復帰の前と後の著しい差である。憲法を頂点とする法秩序の仲間入りを果たしたために、以前のようなアメリカ兵の横暴は制度秩序として許されない時代になった。生活基盤の整備は格段に進展し、貧しい医療状況は大幅に改善された。復帰後の新しい時代は県民生活を豊かにし、生活の利便性を各面で高めたのである。

しかしながら、アメリカ軍基地の大半が温存され、「基地被害」に依然として晒され続けているがゆえに、復帰後の時代に対するネガティブな評価が沖縄においては絶えず台頭する。日本復帰とその後の時代は、要するに基地オキナワを温存するための仕掛けとして存在したのではないか、という批判である。その批判が沖縄アイデンティティ論と結びつくとき、沖縄対「本土」という差意識を伴う構図が頭をもたげ、「本土」が沖縄を差別的に扱っているという指弾が繰り返される。したがって、そのような言説に依拠する立場に立つと、日本復帰に対する評価は、基地オキナワというレンズを通して解釈され続けることになる。

一九七二年五月十五日、沖縄は、「本土」ではなく日本に復帰した。それは、沖縄が参加できる「この国のかたち」を造る新たな事業のスタートであったと思う。

「しかし、ゴールはまだ見えていない。矛盾を含みつつ、今も進行中である」、と私はドイツ人研究者たちにコメントした。沖縄にとって日本復帰は終わったのではなく、未だにプロセスとして存在する、と言いたかったのである。

〈日本復帰〉 対日平和条約によって米国の施政権下に置かれた沖縄では、直後から住民の間で祖国復帰運動が始まったが、米軍は復帰運動を弾圧した。一九六〇年四月に祖国復帰協議会が結成され、六二年には琉球立法院も復帰を決議した。六七年には、沖縄本島と鹿児島県・与論島の間の北緯二十七度線上での海上集会が開かれ、復帰に向けて本土との連帯を図った。政府間レベルでは日米首脳会談で、返還に向けての協議が積み重ねられ、六九年十一月の佐藤・ニクソンによる共同声明で復帰が決定、七二年五月十五日に復帰した。

「米軍再編」と沖縄

生活者不在の軍事要塞化

仲里　効

私の前に一枚の図案が置かれている。額賀福志郎防衛庁長官と島袋吉和名護市長（いずれも当時）が「合意」したとされる、いわゆる普天間飛行場の名護市辺野古のキャンプ・シュワブ沿岸への「移設案」なるものである。キャンプ・シュワブ一帯の空撮写真に、辺野古崎を囲うように東側沿岸部と大浦湾を埋め立てる部分を線描したり色塗りしたりして、その上に二本のV字型滑走路が図示されている。

二〇〇六年四月七日以降、新聞やテレビなどでたびたび報道され、頻繁に目にさせられるようになったわけであるが、その俯瞰写真のV字を見せられるたびに、何か奇妙な感覚を抱かされるのである。この奇妙さは、どうやら視線のありように関係しているようだ。つまり、高度数千メートルから見下ろすような目を擬似体験をさせられているということである。多分、何百分の一か何千分の一かに縮尺された地図を見る快楽とは、こうした空間を一望のうちに見下ろすような視線の占有からきているということなのかもしれないと思ったりする。新たに造られる基地の全体像をつかむためには、それが分かり易い方法だとしても、そこにあるのは監視や管理する目と決して無関係ではないはずだ。

何がいいたいのかといえば、縮尺された空間には人間が不在である、ということである。というよりも、縮尺されたそこには、人が住み、暮らしと生産が営まれていることに対する想像力が欠如していることである。「合意」の理由として、例えば離陸と着陸の滑走路を分けたとか、住宅地をさけるため反時計回りで飛行ルートを調整したとか、あるいはヘリの飛行ルートを海域に限定したとか、もっともらしい喧伝がなされたが、これらを決着するには一種の詐術が必要であった。生活の場を縮尺された仮想空間に閉じ込める視線の介在である。

五月一日の2プラス2（日米安全保障協議委員会）での在日米軍再編の「最終合意」に接してまっ先に感じたのは、この見下ろし監視する視線と同様な視線であり、世界をヴァーチャル化する文体である。「共同発表」と「再編実施のための日米のロードマップ」からなる「最終合意」に貫かれているものは、こうした一望監視の文体なのだ。そこでは沖縄や人間もまた何百分の一か何千分の一かに縮尺される。

この「最終合意」なるものの背後には二〇〇一年九・一一以後「テロとの戦争」という名のもとに仕込まれたアメリカのグローバルな規模で吹き荒れる「ユニラテラリズム」とヴァーチャルな植民地主義があり、そのアジア・太平洋版が「日米同盟・未来のための変革と再編」という名の〈米軍再編〉で、アメリカの軍事的ヘゲモニーによる自衛隊／日本軍のアメリカ軍への融合・一体化が物語化されている。

再編の根幹をなす沖縄に関わる部分は、普天間基地の名護市辺野古沿岸にV字型滑走路二本を備えた移設案をはじめ、在沖海兵隊八千人のグアム移転とその費用の六割を日本が負担すること、嘉手納基地以南の五施設の全面返還と一施設の一部返還、そしてキャンプ・ハンセンと嘉手納基地の日米共同使用である。注目したいのは「再編案間の関係」をわざわざ入れ「全体的なパッケージの中で、沖縄に関連する再編案は、相互に結びついている」としたことである。

だが、忘れてもらってはこまる。肝心なのは沖縄にとって「米軍再編」が何であり、どのような現実をもたらすのか、ということである。世界を分断し縮尺する視線では見えない、そこに生きて生活する人々の声と目である。その声を聴きその目で見れば「沖縄の負担軽減」などではなく、北部地域の軍事的ゲットー化と要塞化以外の何ものでもない。

ヴァーチャルな植民地主義は、他者を物象化し一望監視のもとにおく。そして再配置された日米の軍事的ヘゲモニーが幾重にも絡まりつつ沖縄という場を横断する、そんな光景が「最終合意」の文体からはみえてくる。サンゴ礁の海や自然を生活の場とする大衆の原像を繰り込めないどんな「未来」も「変革」も無効である。

負担の不公平に説得力なし

高良　倉吉

あえて原則的な点についてのみ意見を言いたい。

そのために、私の立場を説明し、そのうえでこの問題に対しコメントを加える。なぜならば、安全保障に係わる問題を論ずる際には自由で超越的な地平というものは存在せず、論ずる者の立場性をあらかじめ提示する必要があると考えるからだ。

私は、わが国の安全保障政策の両輪である日米同盟の堅持および国連重視主義を当面は評価する。したがって、同盟関係に伴う在日米軍基地の提供義務について、当面はこれを了解する。沖縄における米軍基地の存在も、その文脈において認めるという立場に立っている。

それ以上に重視するのは、提供義務に基づくところの地域負担が、沖縄にのみ偏重している事態は認めない、という立場である。沖縄に住む人々の多数派が許容できるレベル（すべての人民が合意できるような基地政策は現実には存在しないので）、その範囲にまで負担を軽減しなければ、この国の安全保障政策は公平さを欠くと思っている。この場合の負担には、人口密集市街地に立地する普天間基地のような危険リスクも当然のことながら含まれる。

世界的な規模での米軍のプレゼンスの見直しである今回の米軍再編において、在日米軍のあり方を「抑止力の維持」と「負担軽減」という二つのキーワードで進めたことはひとまず理解できる。しかし、この両語にはディレンマが含まれている。「抑止力」を効果的に維持するためのプランのほうは合理的に描けたとしても、そのプランを日本という具体的な国土に割り付けた途端に、たちまち都道府県や市町村のレベルで負担の不公平が発生してしまうからだ。

すべての都道府県や市町村に基地負担を平等に配分する、ということは現実には不可能なので、負担の不公平は確実に起こる。とすれば、問われているのは、その不公平について国民や地域住民をどう説得できるか、まさにわが国の中央政府の「言力（ワードパワー）」だということになる。そのような「言力」を駆使できるほどの政治のリーダーシップがこの国に存在するかどうか、という問題である。

五月一日に日米の関係閣僚（2プラス2）が合意した最終報告で述べられているところの、例えば沖縄に駐留する米海兵隊の兵員を大幅に削減し、嘉手納基地以南の基地の全部あるいは一部を返還するという計画は、負担軽減の面では大きな前進である。しかしながら、最大の論点であった普天間基地の移設問題に関しては、リスク管理の緊急性が欠落していること、また、代替施設の建設に対する説得力が大いに不足しており、私としては評価できない。

沖縄県全体で見れば、たしかに基地負担は軽減されるはずである。しかし、市民を巻き込む事故が起る可能性がきわめて高い普天間基地をとりあえずどう措置するのか、その緊急的な課題が抜けているのである。また、沖縄全体の負担軽減と引き換えに、名護市に対しては基地の面積と機能が追加されるために、同市の負担は確実に増加する。そのような不公平が生ずることについてどう説明し、どう説得するのか、まさに「言力」が試される場面だったはずである。しかしながら、終始話題となったのは建設位置をめぐる小事のみであった。

なにゆえに名護市においては、「抑止力の維持」と「負担軽減」という二つの目標を実現できないのか。その不公平について、わが国の安全保障政策の見地から説得しようとする高い志が私には全く見えなかった。

合意された最終報告は、あくまでも計画でしかない。その計画を実施に移すという段になると、理念なき計画は具体化の場面で迷走せざるをえない。地元行政との細部をめぐる葛藤、環境アセスメント、そして反対派の動向などハードルは高い。

不公平を含むそうした計画をなぜあえて実施しようとするのか、そのことを説明し、説得する「言力」を度外視した計画は、とどのつまり、この時代が抱える問題の本質を棚上げにし、将来に対し「負債」として先送りしたものでしかない、と思う。

〈米軍再編の最終報告〉 二〇〇六年五月一日の外務・防衛担当閣僚による日米安保協議委員会で決定した。沖縄の負担軽減策として、普天間飛行場（宜野湾市）、那覇軍港（那覇市）など五施設を原則全面返還するほか、キャンプ瑞慶覧（宜野湾市など）を一部返還する。普天間飛行場のキャンプ・シュワブ沿岸部（名護市）への移設と、在沖縄海兵隊八千人のグアム移転は、二〇一四年までに実現するとしている。グアム移転では、総額百二億七千万ドルのうち、日本が財政支出二十八億ドルを含む六十億九千万ドル（五九％）を負担する。

日米安保体制と沖縄

「日本は沖縄次第」の米軍戦略

仲里　効

「As Okinawa Goes, So Goes Japan」という言葉があったことを知っているだろうか。沖縄返還交渉にあたったアメリカ政府関係者が頻繁に使い、秘密文書にも暗号のように使われていたといわれている。「日本は沖縄次第」という意味だが、アメリカの戦略的な思考のキーワードを見せられるようでなかなか興味深い。

日本政府は沖縄返還交渉の成果を「核抜き・本土並み」と揚言していた。しかしその内実はまるで違った。施政権の「返還」はアメリカによる沖縄基地の「自由使用」と抱き合わせだったのだ。しかも有事の際の沖縄への核持ち込みやアメリカが払うべき賠償金を日本政府が肩代わりする「密約」があったことも、公開された米公文書で明らかにされている。「密約」はその後「思いやり予算」に引き継がれ、今回の「日米軍事再編」での在沖海兵隊のグアム移転や再編に伴う費用の理不尽なまでの負担の原形となっていることを改めて認識させられる。

沖縄の「復帰・返還」は、いわば、日米同盟を定位する安保条約の変質の鍵であったということである。そしていま、その変質は、軍事的グローバリズムの文体でリライトした二〇〇六年五月一日の「米軍再編最終報告」によって決定的な段階に踏み出そうとしている。「As Okinawa Goes, So Goes Japan」は、決して過去のことではなかったことを知らされる。

日米安保体制は、節目節目に沖縄を戦略的に利用してきた。最初は〈排除〉の対象として、二度目は〈包摂〉の対象としてである。戦後日本を基礎づけたサンフランシスコ講和・日米安保条約は、沖縄を日本の主権の〈外部〉に排除することによってはじめて可能となった。日本国憲法を特徴づける「平和主義」は、沖縄の占領の継続を抜きにしては語れない。沖縄が日米同盟の前景に呼び出された二度目は、いうまでもなく七〇年安保改定から沖縄返還にかけての転換期であった。

ところで、では、日米安保体制とその要ともいえる米軍基地は沖縄にとっていかなる現実をもたらすのか。そのことをまざまざと見せつけたのは、ごく近い例でいえば、九・一一以後、世界中に展開するアメリカ軍基地に最高度の戒厳を要する「コンディション・デルタ」が発令された時である。武装した米兵がゲートとフェンスを警戒し、その銃口は明らかに沖縄社会に向けられていた。そしてその米兵と米軍基地を外側から防衛するように、大量の応援警察官が本土から来沖し、二重にガードしたことである。半年も続いた戒厳の光景は、日米同盟の原像と力学をも一挙に可視化してみせた。

さらに、二〇〇四年八月十三日、沖縄国際大学の構内に普天間基地所属の大型ヘリが墜落・炎上した時の光景を思い起してみてもいい。フェンスを飛び越えたアメリカ兵は事故現場を占拠した。ここでもまたあの二重のガードの輪が出現したのである。

私たちが見たのは、ここ沖縄においては、アメリカ軍は「例外状態」を作り出し、それを仕切る特権を占有しているということである。武装米兵が前景化してみせた「例外状態」は沖縄の日常のなかに埋め込まれていることを、改めて気づかせることになった。

極東の要石としての沖縄基地は、アメリカのアジア世界での軍事的なヘゲモニーを駆動させる、米韓、米比、米台などの二国間条約の〈結び目〉にもなっている。だが、この二国間条約・同盟は、ペンタゴンの「遠隔操作網」に組み込まれ、皮肉にも地域間の対立と齟齬の原因にさえなっているのだ。アジアでは「冷戦」は終わったわけではない。「冷戦」の文脈は、巧妙に延命させられ再定義されている。アジア諸地域がいまなお陥っている「二国間症候群」から抜け出し、相互関係を多元的に組み直す時である。

そのために、「冷戦」によって封印された日本の植民地主義の傷と「帝国」の記憶にたじろがず向き合うことである。沖縄の歴史と体験は、その〈結び目〉にあるといってもいいだろう。「As Okinawa Goes, So Goes Japan」は、アジアの視点で発明され直さなければならない。

「植民地」論から脱すべきだ

高良 倉吉

沖縄のおかれた現実を指して「軍事植民地」と呼ぶ言い方をよく目にする。県民意思を反映しないところの、押し付けられ続ける基地負担の重圧に対し、心底からの批判を込めてそのように形容したいという気持ちは分からぬでもない。しかし、概念は正確に使うべきだと思う。

アメリカ統治時代（一九四五〜七二年）のことを言うのであれば分かる。アメリカ国家が統治権を行使し、もっぱら軍事基地としての機能を確保するという目的の統治体制であったから、沖縄はアメリカにとっての「軍事植民地」だったとの規定は成り立つ。だが、今の時代の沖縄を指して「軍事植民地」と呼ぶとき、その言葉が目指すところの意図が私には全く了解できない。

沖縄は、誰にとっての「軍事植民地」なのか。「軍事」機能を沖縄に押し付け、その機能を確保する術《すべ》として沖縄を「植民地」としている者は一体どこの誰なのか。ヤマト（沖縄以外の日本）だと言うのであれば、この答えは立論の段階からすでに破綻している。なぜなら、憲法を頂点とするわが国の法秩序において、沖縄のみを差別化して、「軍事植民地」という地位に据え置くという反憲法的な統治体制は存在していないからだ。憲法の適用範囲にある沖縄居住の国民もまた、ひとしく政治的自由や基本的人権などが保障されており、政府批判を声高に叫ぶ自由をヤマト同様に対等に認められている。そのような状況のどこに、「植民地」と看做《みな》しうる制度的根拠が存在するというのだろうか。

「軍事」、つまり基地問題をめぐる本質を直視せよと言うのであれば、「植民地」論に持ち込もうというイデオロギー性の当否はともかく、議論の余地はありそうである。

おそらく論点は二つ存在する。一つは基地オキナワを規定する日米安保体制（日米同盟）の評価、今一つは、その体制を基軸とするわが国の安全保障政策をどう見るかである。ようするに、沖縄に負担が集中するという現実をもたらしているところのわが国の安全保障体制について、沖縄の側からどのように考えるか、である。そのためには、論ずる者の安全保障観を示す必要がある。

安全保障という概念は、言うまでもなく軍事分野にのみ限られるのではなく、経済や人権、環境、文化、相互理解など多様な内容を含む総合的なものである。そのことを担保したうえであえて言うならば、アジア太平洋をめぐる現実を直視したとき、依然として軍事面での安全保障は焦眉の課題の一つであると私は思う。軍事抜きの総合的な安全保障論は、今という時代に根ざす限り、明らかにリアリティーを欠いている。したがって、日米同盟を基軸とするわが国の当面の政策は、日本を取り巻く安全保障上の環境に適合する現実的なスタンスであると私は評価する。

一九七二年五月十五日の日本復帰により、アメリカにとっての沖縄＝「軍事植民地」の時代は終止符が打たれた。と同時に、その時点を契機に基地オキナワという現実を温存したままで、そのような軍事機能を含む島々が日本国憲法体制下に参入した。それから先の時代の問題は、依然として「軍事植民地」であるかどうかということではなく、沖縄を含むこの国の同盟のあり方や安全保障上の課題にとって、基地オキナワという論点は何であるか、ということだと思う。

日本復帰からすでに三十四年が過ぎた。過去を振り返ったとき、基地をめぐる問題が依然として沖縄最大の争点であったことは紛れもない事実である。「基地被害」という用語ではとうてい包摂できないところの、過酷な事件・事故も多発した。わが国中央政府の基地政策も大いに説得力を欠いてきた。

しかし、この三十四年間は基地問題のみが塗り込まれた時間だったのではない。沖縄という意識をふまえた様々な努力と営みが各分野で台頭し、多くの蓄積を積み上げた時間でもあった。つまり、沖縄が背負ってきたのは基地問題だけではなく、この島の可能性を打開するという重い志を担いできた過程でもあった。その状況の渦中にいた者の一人として、自分の立つこの島が「軍事植民地」であると思ったことは、ただの一度もない。

〈日米安保〉 一九五一年のサンフランシスコ平和条約が締結された際、旧安保条約が結ばれ、米軍は占領終了後も日本にとどまった。六〇年には新安保条約に改定された。この条約に基づく日米同盟は、旧ソ連を仮想敵国とした日本有事の際の共同防衛を目的とするものだった。だが、一九九六年の日米安保共同宣言で、冷戦後の情勢変化を踏まえて日米同盟を再定義し、アジア太平洋地域での日米関係の重要性を明記。さらに、米軍再編最終合意を受けた日米の共同声明は、アジア太平洋地域にとどまらず、「世界の平和と安全を高める上で」日米同盟が極めて重要としている。

ベトナム戦争と沖縄

沖縄戦の記憶を想起させた

仲里　効

又吉栄喜の『ジョージが射殺した猪』を読み返してみた。婦人が猪と間違えられ、米兵に射殺された、実際にあった事件にヒントを得て書かれたこの作品は、沖縄の戦後小説ではじめて小柄で内向的なアメリカ兵を主人公にしていた。その米兵が次第に追い込まれ、幻聴や幻覚のなかでふくらみ、鋭くなってくる狂気を、スクラップ拾いの無力な老人を猪とみたてて射殺することで解き放とうとする倒錯した姿を描いていた。

興味ぶかいのは、軍隊という暴力装置のなかで追い込まれていく内面をベトナム戦争下の沖縄社会との接触面で造型したことであろう。そのコンタクトゾーンとは、米兵相手にできた歓楽街とその女たち、そして沖縄にまで持ち込まれた人種問題が発現する白人街／黒人街の境界閾《いき》でもあった。主人公のジョージは同僚ともうまく溶け込めず、沖縄人女性からもこけにされ、迷い込んだ黒人街で屈辱的にいたぶられる。

ジョージが味わった屈辱や疎外感は、沖縄人と黒人への蔑視として転位させられ、アメリカにいる恋人と故郷の牧歌的風景への夢想に逃れるが、次第に狂気に転生していく。その標的にされたのがスクラップ拾いの貧しい老人であった。ジョージの内向と荒れはまた、「泥沼化」したベトナム戦争にあえぐアメリカが投影されていた。

沖縄にとってベトナム戦争とは何であったのか。ひと言でいえば、戦争と占領の継続を生かされる沖縄を自覚化させられた、ということである。「キーストーン・オブ・ザ・パシフィック」としての沖縄は、ベトナム戦争の攻撃・補給基地であり、またベトナムへ向かうアメリカ兵とベトナムの戦場から一時帰休した兵たちの「慰安所」でもあることをまざまざと見せつけた。

ベトナム戦争の全面的拡大を告げたアメリカ軍機の〝北爆〟が開始された一九六五年二月七日の翌日、在沖海兵隊航空ミサイル大隊が南ベトナムに派遣されたのをはじめ、五月には沖縄でゲリラ訓練を積んでいた南ベトナム政府軍が帰国したことや軍用船乗組員に対しベトナム行きが命令されたこと、そして七月には「台風避難」を理由にして嘉手納基地にやってきた「黒い殺し屋」と呼ばれたB52戦略爆撃機（六八年二月から常駐化）が渡洋爆撃を行ったことなど、ベトナムと直結した沖縄の姿があった。沖縄の現実は、まさにアメリカ太平洋軍総司令官グランド・シャープ海軍大将が「沖縄の米軍基地がなければアメリカはベトナム戦争を戦えなかった」と明言したことを裏付けるものであった。

こうしてベトナム戦争と深く結びつき、ミリタリーグリーンに染め上げられていく沖縄の光景は、『ジョージが射殺した猪』を書いた又吉栄喜や、又吉と同年の高良倉吉や私などが高校生のとき間近に目にしたものであった。果てしなく続くフェンスの中には、ベトナムの戦場の泥土が付着した生々しい装甲車や戦車などが補修のため並べられていたし、民間の港をのみ込むような軍港には原子力潜水艦が異様な姿を浮かべ、ベトナムで戦死した兵士を洗浄する高いアルバイトが高校生の間で噂になった。

だが何よりもベトナム戦争は、沖縄の政治意識の転換を印すできごとにもなった。戦場となったベトナムに、「鉄の暴風」といわれ沖縄戦を重ね、それまでの「日本復帰運動」の内実を問い、「反基地」に「反戦」が加わることになった。生きながらにして「死亡者台帳」に登録されている沖縄（人）という鋭い覚醒をも生んだ。

ベトナム戦争とは、戦後沖縄と沖縄の人々にとって、沖縄戦の記憶を想起させ、アジアへと眼差しを向けさせると同時に、軍隊という暴力装置がいかに人間を戦争器官に変えていくのかということを認識させることとなった。『ジョージが射殺した猪』はそのすぐれた結晶であり、私たち沖縄の戦後世代のアメリカとの接触面から生まれた想像力のカタチであった。

ベトナム戦争下の沖縄の経験は、繰り返し発見されなければならない。「ジョージ」はまたわれわれでもあったのだから。

沖縄を戦場化した

高良　倉吉

ベトナム戦争は、私にとって戦場体験に近い実感を伴う同時代の出来事であった。新聞やテレビ、ラジオで知るニュースというものではなく、沖縄も明らかにその戦争の一部に含まれていたからである。

例えば、アメリカ軍専用の那覇軍港にはジープや戦車などが無造作に並べられており、それらの車両はどれもベトナムの泥土で汚れていた。軍港で働くある地元民間人は、沖縄の基地で修理して再び戦場に送り返すのだと説明していた。地元紙には自暴自棄になったアメリカ兵の犯罪が毎日のように載っており、この戦争が末期症状を呈していることが容易に感じられた。コザ（沖縄市）のアメリカ兵相手の飲食街に足を運ぶと、異常に馬鹿騒ぎする兵士たちがいる一方で、カウンターの隅でぶつぶつ言いながら独り酒を飲む兵士の姿があった。

巷では、法外に高い報酬の話で持ちきりだった。ベトナムで死んだ兵士の身体を洗い清めたうえで、それを棺に納めるという仕事である。高額とはいえ、二、三日も通うと気が変になるとささやかれていた。

あの戦争が沖縄にとって、ベトナムにとって、あるいはアメリカや日本にとって何だったのか、その意味を正面から問うことはここでは控えたい。ただ、基地オキナワという現実は、沖縄住民の意思とは全くお構いなしに、沖縄そのものをたやすく戦場化できたという事実だけを厳粛に確認しておきたい。

一度のみだが、一九九八年にベトナムを訪ねたことがある。ハノイやフエ、ダーナン、ホーチミン（旧サイゴン）などの都市を駆け足で見学したのだが、想像したよりは生々しい痕跡は少なかったものの、たしかに至るところで戦争の爪あとを見た。沖縄の嘉手納空軍基地と連動し、かつてB52大型爆撃機が毎日のように北爆に出撃したダーナンの空港にも、わずかではあるがその当時の施設がまだ残っていた。

基地オキナワの側にいた者の一人として、あの戦争の「加害者」的側面を自覚しながらベトナムにどう立つべきか、問わなかった訳ではない。だが、私はその問いよりも、ベトナムと沖縄のそれぞれの「戦後」に対して、今を生きる者が当事者としてどのように向き合っているかのほうに主な関心を抱いた。

例えば、ベトナム最後の王朝（グエン王朝）の宮殿、フエ故宮を見たときがそうである。フランスとのインドシナ戦争からベトナム戦争と続くながい戦乱によって、フエの宮殿は決定的ともいえるダメージを受けた。しかし、その故宮においては黙々と復元・整備の作業がすでに始まっており、現場事務所の責任者は、「予算は不足しているが、必ず戦争の前の姿に戻したい」と意気込みを語ってくれた。現場で立ち働く人々を見ると、地元の人に混じりヨーロッパや日本からやって来た人の姿も目立っていた。

私は現場事務所の責任者に持参した資料を示しながら、首里城復元の状況について説明した。異なる戦争の結果だとはいえ、失ったものを回復するために、「戦後」を生きる人々が尽くすべき責務のことを訴えたかったのである。「いつになるかは分からないが、ぜひ沖縄に行きたい」と彼は応じてくれた。

聞くところによると、昨今のベトナムの経済発展は目覚しい。その動きに連動するかのように、沖縄から進出する企業もすでに現れている。琉球ガラスを現地生産する会社や、泡盛を寝かして古酒（クース）にするための壺や甕をベトナムで焼成する企業もある。沖縄とベトナムの多様な交流を実践している団体もすでに活動している。

言うまでもなく、断じてベトナム戦争を忘れることはできない。侵略戦争がもたらすところの不毛さも明らかである。基地オキナワがあるかぎり、好むと好まざるとにかかわらず、沖縄という地域が世界の戦争や紛争に関与する構造もまた現存している。

しかし、「戦後」という時間を生きる私たちがなしうる唯一ともいえる方途は、戦争が終わった後の未来に続く永い過程を、どう実体化できるかである。それも、それぞれが引き受けるところの具体的な分野において、何を積み上げていくかであると思う。

〈ベトナム戦争〉　一九五四年のジュネーブ協定で撤退したフランス軍に代わり、米国はベトナムへの介入を強化した。米駆逐艦が攻撃されたとされる「トンキン湾事件」（六四年）を機に、六五年から北ベトナムへの「北爆」を開始した。しかし、米軍の敗色は次第に濃くなり、また、反戦運動が世界的に広がった。七三年一月、パリ和平協定に調印した。同年三月の米軍完全撤退後、南への攻撃を再開した北ベトナムは七五年四月、サイゴンを陥落させた。沖縄の米軍基地は、ベトナムへの出撃や補給、訓練などの支援機能を果たした。

沖縄戦とは

浮上する「集団自決」の共同幻想

仲里　効

沖縄の人々の身体に、島唄に、言語に、そして風景に、沖縄戦は遍在し、くり返し呼び戻される。たとえば戦後「新作民謡」と呼ばれた島唄の世界で、あのイクサが無数に歌にされたことは、その数の多さだけではなく、こだわりの強さからみてもきわめて特異な現象であり、世界の音楽史からみても際立っている。そして戦後すぐに住民自身の手によって書かれたのが沖縄戦体験記であったこと、それを「鉄の暴風」と名付けたことに、沖縄の人々が戦後の起源に刻んだゆるぎない原点が存在するように思える。

『鉄の暴風』の著者の一人である牧港篤三は、沖縄戦をくぐった世代の「性癖」として、そこから出発しそこに帰る、あのイクサの絶えざる回帰性を語っていた。目にすることや耳にするものの向こうにイクサ場を幻視し戦争の音を幻聴してしまう。

沖縄の新聞の社会面には、いまでもよく建設現場などで不発弾が発見され、そのたびに住民が避難する記事をみかける。沖縄戦で投下された不発弾は地中深く眠りつづけ、その処理は半永久的に続くだろうといわれている。牧港篤三は地表を割って浮上する闇の部分に、自らの原体験を重ねながら、「コンクリートやアスファルトで蔽われていても、その下に永遠の生命を抱いて潜む爆薬を孕んだ物体が、にゅうっと顔を出し、ほくそ笑む。台風や雨が襲っても鉄面皮の不発弾は暴虐の夢を抱きながら、いつかは地表に出る時を待ちのぞんでいた。凶悪な意味を秘めて、街づくりの市民たちに襲いかかろうとする壮絶な意思を秘めて」と語っていた。

ここには沖縄戦をくぐってきた者がいだく一種独特な感受性と想像力の内実が示されているように思える。あのイクサは沖縄の土地と、とりわけ戦中世代の生にとって「不発弾」のように、深層の闇として潜在しつづけるということでもある。

ところで、では、私たち沖縄の戦後世代にとってあのイクサは何であり、そこから何を引き継いできたのか。住民の四人に一人の死者を出したことからも分かるように、近親の誰かの死があり、死を逃れたとしても戦争によって負わされた無数の傷口や傷跡を見てきたはずである。だが、私が沖縄戦について意識するようになったのは、「戦争責任」と「戦後責任」の問題を考えはじめたときからであった。

より正確にいえば、沖縄の戦後史のメインストリームを形成した「日本復帰運動」の心情と論理にある種の「あやうさ」を感じはじめた頃であった。沖縄の戦後世代は、いわば日本復帰運動を中心的に担った教師たちから、「よき日本人（国民）」になることを当為として備給されつづけられてきた。この沖縄の教師の実践に、戦前の皇民化や植民地主義的な同化教育の戦後的な再生を嗅ぎ取っていた。「あやうさ」とはそういった意味である。

「日本復帰運動」を越えなければならない壁としてはっきり意識しはじめたとき、沖縄戦のもっとも際立った特徴の一つに挙げられる「あまりに沖縄的な死」としての「集団自決」がにわかにのっぴきならない形で浮上してきたのである。親が子を、子が親を、夫が妻を手にかけ集団で死に至らしめた凄惨な出来事はなぜおこったのか。その問いを徹底して突き詰めることによって「あのイクサ」が「われわれのイクサ」になった。「あまりに沖縄的な死」に、植民地化された人たちの共同の幻想の極限的な倒錯を見てしまった、ということである。

戦前と戦後は断絶した、まったく違う歴史としてあったのではない。ここ沖縄においては、「日本復帰運動」の幻想によって、戦前が戦後に連続させられていった、という旨点はくり返し指摘してもいいだろう。たとえ、アメリカ占領からの脱出というポジティブな側面があったにしても、戦争の〈責任〉を不在にしたことは、逃れようもない事実であったし、そのことが沖縄の〈いま〉の深部を規定していることは間違いない。

凶悪な意味を秘めた「不発弾」が地表を割って、ほくそ笑む。「あのイクサ」が「われわれのイクサ」になる結界は不断に問われなければならない。

「基地沖縄」に連動する

高良　倉吉

沖縄戦は、六十一年前に沖縄という土地で日米両軍が戦った戦闘のことである。その戦闘は日本が起こした太平洋戦争の一環であり、言うまでもなく国民全体が記憶すべき戦争体験の一部に属する。同時にまた、日本がアジアや世界を巻き込んで起こした大戦の一環であり、アジアおよび世界の人々にとっても銘記すべきものの一つだと思う。

したがって、沖縄戦の教訓を語るという営みは、あのような無謀な大戦はなぜ起こったのか、それをなぜ阻止できなかったのか、という問いを基盤としたうえで、この問いを「戦後」という時間の持続的な課題とし続けることである。沖縄戦をめぐる記憶は、常にそうした国民的課題の一つでなければならない。

だが、沖縄における沖縄戦の語りは、あの戦闘の特質や沖縄が体験したところの「戦後」の時間によって強く規定された。

住民生活の場が戦場となったこと、日本軍が時間稼ぎの捨て石作戦をとったこと、本土進攻を急ぐアメリカ軍が物量に物を言わせて短期決戦で臨んだこと、「皇軍」に国民保護の思想が薄弱であったこと、侵略戦争を積み重ねてきた日本軍の質がかなり劣悪になっていたこと、「友軍」と信じた日本軍から住民がひどい仕打ちを受けたことなど、沖縄戦はぬぐい難い戦禍となった。

戦が終わって間もなく、今しがたまで戦場であった土地に巨大なアメリカ軍基地が出現しただけでなく、沖縄そのものが日本から分断されアメリカ統治下に放り出された。そして、日本復帰（一九七二年）から今に至るまで、アメリカ軍基地が島の主要部に居座り続ける現実が継続している。したがって、沖縄においては、沖縄戦の記憶は六十一年前の過去として存在するのではなく、アメリカ統治や基地オキナワという現実に連動する形で語られ続けてきた。

もう一つ見逃せない点は、沖縄にのみ基地が集中するのはなぜか、沖縄のみを分断して長期にわたりアメリカ統治下に置いたのはなぜか、という疑問に沖縄戦の記憶がしばしば結び付いたことである。あの戦場で沖縄とその住民はどのように扱われたのか、体験の諸実相を引き出すたびごとに、「ヤマト（沖縄以外の日本）対ウチナー（沖縄）」という問題の相貌が現れた。

その結果、沖縄戦を含む大戦はなぜ起きたのか、あの戦争をなぜ阻止できなかったのかという問いのことよりも、すぐれて基地オキナワをめぐる解釈や告発の言葉として、沖縄戦体験は絶えず現在にリンクされ続けてきた。そのような思想的構図が、沖縄戦の体験者こそが基地オキナワに対する正統な批評者だという状況認識をもたらしたのである。

体験者は一義的には、なぜ大戦は起きたのか、なぜ阻止できなかったのか、という問いの起点に立つ。そして、戦後という時間を生きる過程においてその起点を絶えず反芻し続けたはずである。自ら体験した個々の事実の証言者であると同時に、戦後という時間で得た価値をもとにあの体験を絶えず解釈し続ける存在であった。つまり、あの時点とこの時点の両方に立つ者であるということであり、そのような位置で言葉を発してきたと思う。

私の場合、沖縄戦体験者のその言葉に接するとき、まずは頭を垂れ、重いその意味を受け取る。そうしたうえで決意するのは、体験者の証言のほうではなく、解釈の部分に対しては自由な立場を確保したい。なぜなら、私にとって体験者は沖縄戦を学ぶ際の教師であることは間違いないが、基地オキナワや「ヤマト対ウチナー」という問題を解釈するときには対等でありたい。言い換えると、戦争体験を特権化して現在の問題を語るという立場の側には従わない、ということである。

なぜ、そういう言い方をするのか、という問いがありそうである。ならば、こう答えたい。沖縄戦は日本が犯した戦争の歴史の一部であり、その原因や被害などを冷徹に分析し、現在のための教訓とすることには意味がある。しかし、あの時点の体験を金科玉条として現在を解釈することには無理があり、現在はその時点とは全く異なる多彩な属性を帯びる。私が生きるこの現在に責任を負いたいがために、あえてそう言いたい。

〈沖縄戦〉 太平洋戦争末期の壮絶な地上戦。日本人犠牲者の総数は約十八万八千人、そのうち沖縄県民は約十万人とされる。日本軍将兵に殺害されたケースや、住民の集団自決もあった。一九四五年三月二十六日、米軍は那覇西方の慶良間列島を攻撃し、四月一日に約十八万三千人の兵力を集中して沖縄本島に上陸した。日本軍は陸軍約八万六千四百人、海軍約一万人のほか、現地召集した防衛隊員や学徒隊員二万数千人で守備したが敗走を重ねた。本土決戦の時間稼ぎのために持久作戦をとったことや、防衛拠点の首里を放棄して住民が避難していた本島南部へ退却したことなどから県民の犠牲者が増えた。六月二十三日、陸軍の牛島満軍司令官が自決し、日本軍の組織的戦闘は終わった。

沖縄にとっての戦後史

壮大なゼロとしての復帰運動

仲里　効

沖縄の歴史的経験について何ごとか考えようとするとき、母音のようにまとわりついてはなれない言葉がある。「世替わり」、あるいは「琉球処分」。これらの言葉には、この小さな島々の連なりからなる群島を翻弄し、通り過ぎていった大国の力の痕跡が刻み込まれているはずだ。中国と日本、また、日本とアメリカの関係がそれぞれ東アジアの近代史を踏み荒らした領土的欲望のステージとして、またアジア太平洋戦争の最後の地上戦の地として、そして戦後はアジアにおける冷戦構造の要石として、沖縄という存在はその小さな図体にもかかわらず、帝国的な力の交差路に布置されつづけてきた、といえよう。

一八七九年に武力をもって併合した「琉球処分」にはじまり、戦後は「アメリカが沖縄を長期間保有しつづけることを望む」とする一九四七年の「天皇メッセージ」からも分かるように、国体護持、皇土防衛のためアメリカ占領下に放置した、「第二の琉球処分」ともいわれたサンフランシスコ講和条約（一九五二年）による沖縄分離政策に日本は積極的に加担していった。一九七二年の沖縄返還にしても、沖縄の願望をかなえるという意匠を装いつつ、その実態は日米軍事同盟の合理化・強化でしかなく「第三の琉球処分」とも呼ばれた。「琉球処分」という言葉には、こうした国家としての日本が沖縄に対するときの、包摂と排除のありかたが構造化されているといっていいだろう。

このように、歴史的トピックを幾つか拾ってみるだけでも明らかなことは、沖縄の人々の意志を封殺し、国家としての日本が膨らんだり縮んだりしながら、自己存続をはかっていくために、沖縄という場所は都合のいい調節装置にされたということである。もっといえば、日本の帝国的バブルな拡張路線の外延上で包摂し、その膨化が立ち行かなくなると真っ先にリストラの対象にされたということである。この膨化と縮小、包摂と排除は、国体護持のための機能でしかないことはいうまでもない。「琉球処分」とは、いわば、沖縄の歴史的身体に書き込まれた国家暴力が意識されている。

ところで、沖縄の戦後はどのような内実において語られなければならないのだろうか。沖縄の戦後の性格についてきわめて本質的な指摘をしたのが、最近では日本占領史研究に確かな足跡を残した『敗北を抱きしめて』の著者・ジョン・ダワーであった。アメリカがイラクの占領政策をもっとも成功した例としての日本をモデルにして考えていることが報道されたとき、すぐにその「空想性」を指摘していた。だが、私が注目したのは、そのあとの言葉である。「沖縄では当初から米国の関心は安全保障と軍事にあり、米軍事帝国の付属物とされた。その他の日本占領に見られた民主化と非軍事化の政策が、沖縄ではなかった。それは韓国も同じ」だとしていた。だから、「モデルとなるとすれば沖縄や韓国だろう」とまっとうに指摘していた。

ダワーはここでタイプの異なる二つの占領があるといっているのだ。民主化と非軍事化をめざした「日本型」とそうではない「沖縄（韓国）型」と。「沖縄（韓国）型」は、「当初から米国の関心は安全保障と軍事にあり、米軍事帝国の付属物とされた」のである。この「米軍事帝国の付属物」という言葉に、沖縄の戦後の際立った特徴をみてもいいだろう。そしてその「米軍事帝国の付属物」が生まれるために、日本の積極的な合意があったことを忘れてはならない。

沖縄の戦後史はその「米軍事帝国の付属物」からの脱出を、併合と排除によって沖縄を都合のいいように利用した国家の力学に目をつぶったまま、日本への過剰な幻想に仮託したがゆえに、「日本復帰」は最終的に併合の論理に接収されていった。

「日本復帰」によって「米軍事帝国の付属物」の位置は解約されたわけではなく、再定義され復帰後の沖縄の現実を規定しつづけ、今また「日米軍事再編」であらたな段階に踏み出そうとしている。言葉をきつくして言えば、「日本復帰運動」は、壮大なゼロでしかなかった、と改めて思う。そしてこの〈壮大なゼロ〉という痛覚から〈沖縄の自己決定権〉が創出されていくだろう。

最大の争点、基地オキナワ

高良　倉吉

沖縄にとっての戦後史の意味を考えるためにも、あえて数百年にまたがるマクロ的な視野に立つ論を示したい。

徳川時代（江戸時代）の沖縄には「琉球王国」が存在したが、その王国は政治的・外交的に中国（清国）と日本（幕藩制国家）にそれぞれ異なるレベルで従属していた。琉球経済は「中国経済」と深く関わっていたが、それ以上に「日本経済」に対する依存度のほうが高かった。例えば、中国との国際貿易（朝貢貿易）は日本市場を前提にしてはじめて成り立っており、王国の戦略産業であった糖業（黒糖生産）にしても日本市場をターゲットに構築されていた。

しかし、大事な点は、東アジアの両大国に呑み込まれず、対外関係のバランスを必死に操作しながら、沖縄が独自の王国として存立していたことである。王国のそのようなあり方は、やがて日中両国に対する関係バランスの崩壊により終止符が打たれる。

一八七九年（明治十二年）春の琉球処分＝沖縄県設置は、日本（明治国家）が中国の反対を押し切る形で、王国の土地をその内部に編入するという事件だった。日清戦争（一八九四〜九五年）で中国が敗れ、日本が勝利したとき、「日本の中の沖縄」という事態はほぼ確定し、その後「日本の中の沖縄」という事態は制度の面で、あるいはまた意識の面で実体化され続けた。そして、沖縄戦（一九四五年）とその後に続く「戦後」を迎えるのである。

過酷な戦争を体験したうえに、さらにはアメリカ統治という「異民族支配」に晒されながらも、沖縄住民の圧倒的多数が日本への復帰を求めたことが重要だと思う。「琉球王国」という伝統を持ち、琉球処分後の「日本化」プロセスの記憶を抱えつつ、さらには痛ましい戦争体験を帯びながらも、沖縄の圧倒的多数の住民は「異民族支配」からの脱却を日本復帰という選択に託したのである。

それは、正しい選択だったのか否かという問題などではなく、歴史上の事実認識の問題でしかない。琉球処分に反対して王国の完全な自立を求める武力闘争が起こらなかったこと、沖縄県体制を否定する独立運動が起こらなかったこと、日本復帰ではなく、沖縄の独立を求める運動がごく少数の意思に止まったことなどと同様の、歴史上の事実認識に関わる問題にすぎないのである。沖縄が日本であるという今のこの現実は、王国時代や琉球処分後の歴史、沖縄戦、そしてアメリカ統治という様々な過去を含んだうえで、それらをすべて記憶しつつ、圧倒的多数の住民が承認したものである。そしてまた、今なおそのような存在形態を抜本的に変更しようと思う明快な多数意思は台頭しておらず、一定の内部調整を重ねながら更新され続けている。

だが、沖縄住民の中に、自立や独立を志向する意識が依然として存在するのではないか、という指摘はあってもよい。そう思うならば、そのような意識の実態をより精確に把握するための、信頼性の高い調査を徹底して行うことを求めるべきである。その結果、沖縄住民の多数意思が現行制度に不満を懐《いだ》き、改善を求めていることが明らかになるのであれば、その要求にふさわしい制度、例えばそれは道州制のレベルで解決できるものなのか、それとも政治的な独立に移行せざるをえないほどの意思なのかを冷徹に検討すればよいだけの話である。

沖縄「問題」の問題性の主役は、依然として基地オキナワであり、それはまた戦後沖縄に通底する最大の争点であり続けた。そのことを承知のうえであえて言うのだが、私は、今の沖縄「社会」の内実や動態がどのように営まれているのか、そのことのほうに切実な関心を覚える。戦後という時間の結果として、あるいはまた「日本の中の沖縄」であるという選択的な成果として、基地オキナワを織り込みながら、この社会は今どのような現実を形成しているのか、そのことを知りたい。

それを教えてくれる情報は古い引き出しにあるのではなく、戦後という時間が刻み続けるところの今に問いかけるしか、術はないのだと感ずる。

◇戦後沖縄の略年表

1945年　6月23日　旧日本軍の組織的抵抗終結
　　　　8月15日　日本、無条件降伏

52年 4月1日 琉球政府発足
 4月28日 サンフランシスコ講和条約、日米安全保障条約発効
56年 6月8日 プライス勧告発表
60年 4月28日 祖国復帰協議会結成
65年 8月19日 佐藤栄作首相、首相として戦後初の沖縄訪問
70年 12月20日 コザ暴動
72年 5月15日 日本復帰
95年 9月4日 米兵による少女暴行事件
96年 4月12日 日米両政府が米海兵隊普天間飛行場返還合意
2000年 7月21日 沖縄サミット開催
06年 5月1日 米軍再編最終報告決定

「沖縄イニシアティブ」

国家を内面化した提言の空疎

仲里　効

二〇〇〇年三月二十五、二十六の両日、「アジア太平洋アジェンダプロジェクト・沖縄フォーラム」で高良倉吉・真栄城守定・大城常夫の琉球大学三教授によって報告された「沖縄イニシアティブ」は、沖縄内部で厳しい批判にさらされることになった。

なぜか。二つのことが挙げられる。その一つは、日米安保体制とその要衝にある沖縄基地を評価する提言が、普天間基地の移設受け入れをオーソライズする役割を担ったこと、二つ目は、「イニシアティブ」そのものに内在する論理が、沖縄の歴史意識の深層にある被植民地体験からくる葛藤や沖縄戦体験、米軍基地への異議申し立てと持続的な抵抗を漂白し、「普遍的に語る」という意匠で、国家の物語に回収していったことである。

「沖縄イニシアティブ」は、普天間基地の名護市辺野古への移設・海上基地建設の劇的な演出効果をねらった沖縄サミットが開催される直前のフォーラムでの提言だっただけに、単なる偶然とはいえない〈政治性〉を帯びていた。とりわけその〈政治性〉を強く感じさせたのは、「アメリカ軍基地はそれが存在することの是非を問う問題としてあるのではなく、その効果的な運用と住民生活の安定をいかに矛盾なく調整できるかという課題としてある」とし、「基地の告発者なのではなく、安全保障に大きく貢献する地域として、その基地の運用のあり方を生活者の目線で厳しく点検する一方の当事者の役割を果たさなければならない」としていたことである。「ノーでもなくイエスでもない、より現実的な対応」ともいっていた。

こうした「沖縄イニシアティブ」が投げかけた波紋に対し、沖縄タイムスと琉球新報の地元二紙は、多くの論者を登場させ問題の諸相を検証していた。私もその一人として批判文を書くことになったが、今、改めて読み直してみても〈高良倉吉〉という存在を強く意識していたことが文面から伝わってくる。私信という体裁をとった論争的介入には、同世代の代表的知性の一人が「ついにやらかしてしまった」変節への失望と憂鬱と怒りが書き込まれていた。

論点を要約すれば、おおよそ次のようになる。すなわち、原案の作成者であり、提言をリードしている高良は、沖縄の戦後世代が格闘してきた国家の問題をまたぎ一線を越えてしまったこと、彼をして国家を内面化させた背後には、「イニシアティブ」に先行する『沖縄の自己検証』や

『「沖縄」批判序説』のなかでしきりに言及され、沖縄民衆の「情念」に対置された「普遍的な言語」とは裏腹に、転倒されたルサンチマンが隠されていること、高良が寄り添う「新しい日本」とは周辺事態法、国旗国家法、盗聴法、改正住民基本台帳法などのドーピングで戦争のできる国に変貌しつつあり、「イニシアティブ」はそのドーピングに高く貢献する言説であることなどを指摘したものであった。過去から現在を周到に隔離し、隔離したぶん現実を合理化していく「機能主義的な知」の沖縄的カクテル、そこに〈沖縄の再定義〉なるものの本質をみていた。

あれから六年が経った。この六年間にアメリカ・日本・沖縄をめぐる現実は、皮肉にもといおうか、不可避的にもとでもいおうか、提言の空疎さと破産をはっきりさせることになった。二〇〇一年九・一一以後、世界を踏み荒らしたアメリカの単独行動主義のグローバルな暴力とそれに従属した日本国家、二〇〇四年八月、沖縄国際大学への米軍ヘリ墜落事故がはからずも見せつけたアメリカ軍の特権の占有や日本政府の沖縄に対する構造的差別、そして沖縄の内部を引き裂き、基地機能の高度化・強化をともないつつ自衛隊と米軍が一体化する米軍再編。こうした沖縄の未来を左右する動きに、当事者能力をしきりに強調した提言者たちが「生活者の目線で厳しく点検する」ことはついぞなかった。「ノーでもなくイエスでもない、より現実的な対応」ということがいかに国家の力を補強する配電装置になっていたかを知らされる。と同時に、「イニシアティブ」でいわれた「普遍的言力」とか「ソフトパワー」は「ハードパワー」と対立する概念などではなく、相補的な関係であったということを納得させせられる。

明日の日本へ論点提示

高良　倉吉

六年前に私たちが提唱した「沖縄イニシアティブ」（二〇〇〇年三月）は、予想に違わず地元沖縄の言説界で袋叩き状態に遭った。地元紙に連日のように掲載された批判・非難の言葉をスクラップで保存しているが、読み返すたびに、ずいぶん激しい言葉を浴びせられたものだと思う。「日本国家」に擦り寄る事大主義者、基地容認論者、御用学者などといったレッテルが並び、「沖縄という価値」を裏切る者だとの烙印を執拗に押された。なかには、私のような者の講義を受ける学生はかわいそうだ、という非難をあからさまに書いた大学教授もいた。「思想」的に「健全」でない者とは付き合わないほうがよい、ということなのであろう。

批判・非難キャンペーンを通じて顕在化した構図は、「沖縄という価値」を担保する側とそうでない側を一方的に峻別し、そうでない側を担保すると自称する側が排除する、という集団的言説が巣食っているということであった。その人々にとって私は、ようするに「沖縄という価値」

を語るべき正統な論者ではないことになる。

「沖縄という価値」は誰のものなのか、という問いが沖縄イニシアティブの出発点である。「沖縄という価値」をあらかじめ所有し、それに寄り添うという立場性を先に確保したうえで、その立場性の対抗軸に「日本国家」を設定するという「思想」的図式から自由になりたい、との思いを起点とする。「沖縄という価値」と「日本国家」を対立軸に置くのではなく、むしろ「沖縄という価値」を「日本国家」のあり方、この国のかたちに活かしたいという主張が沖縄イニシアティブの根幹である。その前提に置いたのは、「日本国家」は完成品などではなく、様々な状況を含みながら今なお不断に形成され続ける存在だとの認識であった。そう思うがゆえに、明日の日本のために「沖縄という価値」はどのような役割を果たすべきか、という論点を提示したのであった。

国家という概念は立場や考え方によって多様であってよいが、沖縄イニシアティブの場合は「国土」「国民」「統治機構」の三要素から成る存在が国家だとの理解を据えている。他の国家と区別される国土＝版図を持ち、その具体的な空間に国民が居住し、国土・国民を運営するための統治機構＝運営システムが機能する体制状況が国家である、とひとまず規定している。この意味において、沖縄という地域はまぎれもなく「日本国家」を構成する一部である。

そういう国家に属しながら、この国家の明日のために「沖縄という価値」（沖縄イニシアティブでは「ソフトパワー」と呼んだ）をどのように活かすべきか、それについて当面する問題と将来の課題に分けて考えを述べた。将来的な課題として掲げたのは、「日本国家」がアジア太平洋国家としての総合的なスタンスを構築すること、そのような時代において沖縄は独自の地域特性を発揮する存在たるべきだと力説した。当面の問題として基地オキナワをめぐる状況認識を取り上げ、日米同盟と沖縄基地の役割をひとまず評価したうえで、沖縄県民の多数意思が納得できるレベルにまで基地負担を軽減し、その努力を通じて基地問題という「問題」を解消すべきだ、との立場を鮮明にした。

つまり、地元紙で論陣を張る論客たちの支配的な考え方とはおよそ異質な論を提示したのである。その人々にとって許しがたいはずの論を唱え、袋叩きに遭うことを覚悟のうえで何ゆえにそのような論をあえて主張したのか。

「沖縄という価値」をあらかじめ所有し、そのうえで言葉を操作するという論理に距離を置き、沖縄や「沖縄問題」を様々な立場において自由に議論できるような状況をつくりたかったからである。沖縄を語る際にタブーや異端的言説などというものは存在しない、と訴えたかったからである。そのためには、私が率先して沖縄イニシアティブを差し出し、支配的な言説とのあいだに沖縄をめぐる新たな「関係性」を構築する必要があった。

沖縄研究の開拓者、伊波普猷（一八七六〜一九四七）は、「自覚しない存在は悲惨である」と言った。あるいは、その言葉を自分のものにしたいという思いも手伝っていたのかもしれない。

〈沖縄イニシアティブ〉 高良倉吉、真栄城守定、大城常夫の琉球大三教授が二〇〇〇年三月に那覇で開催された「アジア太平洋アジェンダプロジェクト・沖縄フォーラム」で発表した提言。二十一世紀の沖縄のあるべき姿を提言した内容で、日米同盟の果たす役割や在日米軍基地の存在意義を認めた上で、安全保障の分野で沖縄が引き受ける役割や責任に言及。その上で、沖縄を日本とアジア太平洋を結ぶ知的な交流拠点にしようと主張した。いわば、沖縄の「タブー」への挑戦であり、発表後、沖縄県では、論文に対する様々な批判や意見が噴出した。

リゾートアイランド沖縄

地元は癒やされぬ「喜劇」

仲里　効

三年前、山形国際ドキュメンタリー映画祭のスペシャルプログラムとして〈沖縄特集〉が組まれた際、映画の選定、カタログの作成などに関わったことがある。戦前から現在まで、沖縄をめぐって制作された膨大な映像の集積を最終的に七十本余にセレクトし、映画は沖縄をどのように表象したのかを、ドキュメンタリーや劇映画のジャンルを越えて検証する試みであった。

この〈沖縄特集〉をコーディネートして、心底納得させられたのは、沖縄という場が制作された映画のボリュームからみても他の地域に抜きん出ていることであった。沖縄はなぜかくも過剰なまでに欲望され、まなざされるのか。

集積された沖縄映像を乱暴に図式化すると、戦前は民俗・民芸的な視線から失われた「原日本」が貯蔵されている宝庫と見、また芸能や風景にエキゾチシズムを投影して描いたこと、戦後は太平洋戦争最後の激戦地となった沖縄戦と「異民族支配」下のオキナワにドキュメンタルな関心を向けたこと、「日本復帰」後はより大きな比重を占めるようになった観光的な視線から沖縄にトロピカルな絵をもとめたこと――がそれぞれの時代の特徴ということになる。

復帰後の観光的なまなざしの優勢は、「海、その望ましい未来」をテーマにした沖縄国際海洋博覧会が起点になったことは間違いない。「沖縄観光の起爆剤」ともいわれたこの事業は、復帰後の沖縄を「リゾートアイランド」というコンテキストで方向付けていく大きな役割を担い、それまでの基地と戦跡観光から「海洋レジャー」や「亜熱帯リゾート」に書き換える一大プロジェクトとなった。

こうした「リゾートアイランド沖縄」が前景化するにあたって、どのような力が働いたかといえば、まず〈日本の中の沖縄〉を演出し、先導する祝祭的な国家的プロジェクトがあり、「沖縄振興開発計画」が中期的なナビゲーターになって、航空会社とその系列の大手リゾートホテル業界がそれを肉付けし、そして地元の中小観光業社（者）が末端に関連づけられていく。これは復帰後の沖縄社会を改造・開発していく国家と資本のエレベーションではあるが、年間の観光客はいまや五百万人を越えるまでになっている。

とはいえ「リゾートアイランド沖縄」がより強力に機能していくためには、〝文化の政治〟の作動がなければならなかった。その文化の政治について、アーロン・ジェロー（イエール大学教員）は映画をテクストにして興味深い指摘をしていた。近年の日本映画における沖縄の動員のされ方は、会社、学校、家族といった近代日本のアイデンティティを定義する要素が危機に直面し、疲れた日本人の癒やしと再生のための場所として借景にしたということである。

そのために「沖縄」は差異として表象されなければならなかった。だがその「差異」はあくまでも日本と日本人の自己同一性を再確認する都合のよい鏡像にしかすぎない。だから、そこで描かれた沖縄は「日本ナショナリズムの幻影」だというのである。

近年の日本映画のなかで動員された沖縄には、「亜熱帯」「海」「異国情緒あふれる芸能・文化の島」のイメージが配分され、それがどのように消費されるかが構造化されていた。沖縄が観光的な想像力でかくも過剰にまなざされる背後には、日本のナショナリズムの再生への欲望が隠されているということなのだ。

やっかいなのは、こうしたリゾート化した沖縄像を沖縄の人たち自身が内面化していくようになったということである。疲れた日本のナショナリズムの幻影を沖縄人自身が模倣し、演じる、これはもはや喜劇以外のなにものでもない。

忘れてもらっては困るのである。癒やしを求められたリゾート沖縄の対極で、高い失業率や自殺率を記録する現実を日々生きている沖縄の人が、リゾートを享受することは決してない、ということである。九・一一以後、落ち込んだ観光客の穴埋めのため「沖縄の人だってリゾートしたい」という地元誘客をねらったキャンペーンは、痛烈な皮肉となって沖縄自身を笑った。

基地の脅威は観光客にも

高良　倉吉

　観光リゾート分野は、疑う余地なく、今や沖縄にとって地域経済の浮沈を左右する産業の座を占める。それ以外の新しい産業も台頭しつつあるが、観光リゾートに代わるリーディングセクターの役割を果たすまでには達していない。したがって、「リゾートアイランド沖縄」を考えるためには、どのような「思想」的立場を語るにせよ、地域経済を動かすエンジンに係わる問題を論じているとの緊張感が求められると思う。

　二〇〇一年のアメリカ同時多発テロ直後、観光客のキャンセルが相次ぎ、沖縄観光の危機が叫ばれたときがあった。その頃の県内の動きや言論を見て不可解に思ったのは、観光危機と基地の危険性を直接結びつける議論が台頭したことである。「九・一一」により基地オキナワの危険性が露呈し、その現実を敬遠したがために観光客は来ないのだ、明らかに基地は観光の障害になっている、という議論である。キャンセルが相次いだのは沖縄だけの現象なのか、航空機の利用を敬遠する風潮のせいではないのか、といった疑問を懐《いだ》いて検討すれば答えは明白だったはずなのだが、なぜか原因を基地に求める意見が声高に叫ばれた。

あれから五年が経ち、基地オキナワの現実には何の改善も見られないが、収益率が低いという問題を除くならば、沖縄観光はその時期の危機をクリアーし好調に推移している。基地は観光発展の阻害要因だという見方は、結果から見れば、その妥当性は現実により否定されている。

では、観光と基地はこの島において矛盾なく共存しているのかと問われるならば、原則的にノーだと私は思う。

那覇空港を離発着する民間航空機が利用できる空域はアメリカ軍が管理しており、いうなれば空にも見えない基地が存在する。急増を続ける観光客のレンタカーは、アメリカ軍施設内の道路を利用できない。沖縄島の西海岸を中心に立地するリゾートホテルに、海兵隊のヘリコプターが落下する事故が絶対に起こらないとはいえず、観光客の女性がアメリカ兵により暴行を受けるという事件など決して起こらないという保証もない。つまり、基地オキナワであるがゆえの種々の制約があり、基地あるがゆえに惹起するかもしれない事故・事件も「リゾートアイランド沖縄」という局面で起りうる。観光客もまた、沖縄県民同様のリスクを背負う可能性を帯びているのだ。

たしかに、一年三百六十五日この島に居住し、日常生活において危険に晒され続け、戦闘機による爆音被害などを体験しているところの県民と、平均滞在二、三日の観光客が背負う状況とは自ずから相違するが、そのことを認めたうえであえて言いたいことがある。

沖縄県の定住人口は約百三十万人、沖縄を訪れる観光客数は年間約五百五十万人である。日常的に危険に晒され続ける人口は百三十万人だが、これに「交流人口」としての五百五十万を加えた人々が「基地の脅威」下にあるという事実である。リゾートアイランドとしての沖縄は生活者にとっても、訪問者にとってもまたリスクを内包するという点である。

制約条件をどう改善していくか、事故・事件をどのように減らしていくかという問題は、「リゾートアイランド沖縄」を共有するところの生活者および訪問者双方にとって焦眉の課題である。したがって、沖縄住民の多数意思が許容できるレベルにまで基地負担を軽減すべきだという問題は、生活者は言うにおよばず、訪問者にとっての「安心・安全」をどう確保するかという課題にも確実に連動しているといえる。

基地負担の是非をめぐる論議は、言うまでもなくそれぞれの安全保障観に基づく。その論議にさらに付け加えるべき論点として、「リゾートアイランド沖縄」にとっての「安心・安全」と基地負担のあり方をどのように考えるか、という問題があることを知るべきである。この島の経済を左右する産業なればこそ、この問題を冷徹に検討したうえで、確たる意見を具備すべきだと感ずる。

〈沖縄観光〉 一昨年の沖縄県への観光客は約五百五十万人で過去最高を記録した。二〇〇一年の米同時テロのあおりで一時減少したが、その後は順調に伸びている。かつては戦跡地や観光スポット巡りが主流だったが、最近は海水浴やダイビングといったマリンレジャーなどのリゾート型の観光が人気。県が発表した資料によると、「全国的な沖縄人気の継続」「リゾートショッピングの進展」などのプラス要因があり、今後も増加を予想している。観光収入は四千億円を超え、沖縄の主要産業となっている。

沖縄ブーム

異質性や差異の商品化

仲里　効

多分ないだろうな、と思いつつも『沖縄大百科事典』（一九八三年、沖縄タイムス社刊）で「沖縄ブーム」の項目を調べてみた。あったのである。驚き、しばらくして、深く納得した。それというのも、「沖縄ブーム」とは〈基地建設ブーム〉を指していたのである。極東における軍事要塞の建設と、それを請け負うヤマトの大手土建業者によって引き起こされた現象。こんなふうに書かれていた。「一九五〇年代初期におこった本土土建業者などによる米軍の基地建設ブームをいう。〈沖縄景気〉ともいう。おもに本土側での呼称。朝鮮戦争が激化した五十一年には、五千三百万ドルにも及ぶ米軍工事が発注され、本土の清水組・松村組・大林組・鹿島建設・竹中工務店など大手土建業者が沖縄に乗り込み、莫大な外資を稼いだ」。深く納得したというのは、沖縄ブームの原型が語られているからであった。

次にインターネットで「沖縄ブーム」を検索してみた。ここでも驚いた。いや、呆然とした。なんとその数二百三十万件。ためしに、はじめの三十件ほどにアクセスしてみただけでも、青い海のリゾート体験から美容と健康にいい沖縄の食の紹介、エイサーや三線などの沖縄芸能文化体験、最近増殖しつづけているという沖縄移住生活、沖縄ブームで需要を見込んでの高層マンションの販売、そして大学の研究プロジェクトまで、いまどきの「沖縄ブーム」のあれやこれやがひしめきあい、そのバブルさに軽いめまいを覚えるほどである。

そもそも「沖縄ブーム」といわれる社会現象とは何か。それは、いつから、だれによって、どのようにはじまり、今現在どのように進行しているのか。「日本復帰」前の空前の沖縄ブームが基地建設ブームだったとして、「復帰」後の沖縄ブームのはじまりは、「復帰記念三大事業」の一つで、沖縄併合のイニシエーションとしての「沖縄国際海洋博覧会」の開催をめぐるプロモーションだった。

その後は、例えば喜納昌吉&チャンプルーズ、りんけんバンドなどが沖縄民謡をロックやポップスに融合させた沖縄音楽が、異化効果として驚きと好奇の目で受容された。だがそのときは「ブーム」といってもまだ限られた範囲内のことであった。

「沖縄ブーム」を大衆化したのは、一九九二年の復帰二十周年あたりからであろう。「復帰記念二十周年事業」としての首里城の復元、それと連動させたNHK大河ドラマ「琉球の風」などによって火がつけられた。それから安室奈美恵をはじめ、多くのアイドルを日本の歌謡界に送り出し「アイドル生産工場」とまでいわれた沖縄アクターズ・スクールによって「少女の身体」が市場化され、二〇〇〇年の沖縄サミット開催、さらにNHK朝ドラ「ちゅらさん」や映画「ナビィの恋」の大ヒットにより、今度は「元気なオバア」の語りと身振りがブームの前景に躍り出た。いまや年間三万人近いヤマトからの移住者が流入しているという。

こうして沖縄の風景や食や文化や身体がエキゾチックに脚色され大量に売られていく。ブームの波は変化したとはいえ、そこに共通するのは、異質性や差異が商品化の対象にされているということである。沖縄の魅力として語られる「日本語が通用する外国」とか「パスポートの要らないアジア」という言い方には、まぎれもない、同質化しながら差異を戯れる奇妙な装置が働いていることが分かる。

奇跡の一マイルともいわれ、沖縄の戦後の不定形なエネルギーが生活の律動のなかに織り上げられていた「国際通り」や「平和通り」と名付けられた街を歩いてみると、すっかり観光客や沖縄フリーク向けの顔に変わり、上げ底された風景に立ちすくんでしまう。

基地建設に群がった大手土建業者から、最近の一泊千円のドミトリーに群がる沖縄フリークまで、沖縄ブームが表象し隠すものは何か。復帰二十周年で「恐竜がやってきた、人をムシャムシャ喰って、街を破壊して」と歌った「ワルツ」の歌がブームの背後からいっそう太い声で聴こえてくるようだ。〈恐竜〉とは、一体誰か。

ブームはヤマトとの関係性の中で

高良　倉吉

「沖縄ブーム」という現象を精確に把握したいと思ってみても、その正体は得体が知れない。沖縄という地域が内包するところの何らかの価値がイメージ化され、それに魅力を感ずる人々の数が増加し、しかも、そのような状況が持続的に展開することだと仮定しても、その正体はやはり曖昧と言うべきである。

沖縄の価値とは何なのか、誰がどのようにその価値をイメージ化しているのか、形成されたイメージを受け取る側の人々はどのような内実に根ざしつつそれを扱うのか、文字通り漠然としている。ブームなる現象はどのようなデータを示せば説明可能なのか、それが指し示すところの意味とは何なのか、といった疑問も存する。やっかいなことには、「沖縄ブーム」と称される現象はどの時代のことを指すのか、今のわれわれの目前で展開する現象のみを言うのか、という問いも待ち受ける。

歴史的に見れば、沖縄（琉球）という存在が評判になった最初の状況は「江戸上《のぼ》り」だといえよう。徳川将軍に従属しつつも、王国として独自の存在であることを顕示するために琉球は将軍のもとに使節を派遣したが、彼らを迎えるたびに江戸や東海道沿いの住民のあいだで一種の「琉球ブーム」が興った。

大正末期から昭和戦前期にかけて、柳田国男や折口信夫などの民俗学・古代学のリーダーたちが、日本文化の古層をさぐるうえでかけがえのない土地として沖縄を評価して以降に興った状況も、ある種の「沖縄ブーム」だといえるかも知れない。戦後に起こった諸相、例えば悲劇の乙女たちをめぐる「ひめゆり部隊」ブームや、日本知識人の沖縄への向き合い方を説いた大江健三郎『沖縄ノート』（一九七〇年）が発した状況、あるいはアメリカ統治下で反戦・反基地を掲げて闘う「沖縄県民」に対する本土諸勢力の「連帯」の動向も、「沖縄ブーム」だったのかも知れない。

では、現今の「沖縄ブーム」のことをどう考えるべきだろうか。明快な認識があるわけではないが、さしあたっては次のように思う。

私が住むこの土地には、様々なメニューが存在する。地域に根ざす伝統文化やライフスタイル、琉球王国の記憶があり、劣化が進行しているものの依然として美しい海もある。平和の大事さを訴える沖縄戦の記憶や、この国の安全保障のあり方を問う基地問題もある。沖縄とは何か、日本にとって、さらにはアジア太平洋地域にとって沖縄とは何かを問い続ける思念も存在する。それらの中のどれをとらえてアピールするか、そのことは発信者の自由に属する。無論その場合、発信する担い手がいわゆるウチナーンチュ（沖縄人）であるか否かを問う必要はない。

地元沖縄において、若い世代を中心に「沖縄」が絶えず「発見」され、「発見」した「沖縄」をカルチャーとして引き受ける状況も存在している。言うなれば、沖縄の内部で「沖縄ブーム」と呼べるかもしれない状況が継続している、という現実が横たわるのである。その状況を見て、他者が創作したところの「沖縄イメージ」に踊らされているのではないか、という見方を私はしない。どのような「沖縄」を受け取るか、それをどうパフォーマンスとして発揮するかは各自の自由であり、その是非を判定できる審査官などが居てはならないと思うからだ。

付け加えたい点は、いわゆる「沖縄ブーム」は過去において中国や韓国、東南アジア、アメリカなどの地域で惹起したことは一度もなく、そのすべてがヤマト（沖縄以外の日本）または沖縄で発生したことである。となると、ヤマトが沖縄に注ぐ眼差し、沖縄が沖縄そのものに注ぐ眼差し、沖縄対ヤマトという関係性に注がれる両者それぞれの眼差しの面でのみ、「沖縄ブーム」は興ったのではないか。

そうだとすれば、そのようなブームの構図において、沖縄のどのメニューに関心を注いでそれをブーム化するか、それは担い手の側の自由に属する。そこにおいて形象されたところの「沖縄ブーム」を日本という国家の範囲内に止め置くのではなく、広くアジア太平洋や世界にまで展開すべきかどうかという課題もまた、やはり担い手の側の自負に係わる問題であると言うしかない。

〈沖縄ブーム〉　一九八〇年代末から九〇年代にかけて、沖縄出身のグループりんけんバンドなどの活躍で音楽分野を中心に沖縄ブームと言われていた。二〇〇一年、沖縄が舞台のNHKドラマ「ちゅらさん」のヒットで一気に盛り上がった。沖縄料理をはじめ、三線やエイサーなどの伝統芸能にも人気が出ている。沖縄県への観光客が年間五百五十万人を超えるとともに、他県からの移住者も増えた。同県の二〇〇五年の転入者は二万六千六百六十四人で、三年連続して転出者より二千人以上多かった。

アジアという目線

「自立」の思想が開く視座

仲里　効

それが書物であったり、人であったり、物であったりする違いはあったにしても、人は誰でも決定的といってもいいような出会いの一つや二つは持っているはずである。

叢書『わが沖縄』（谷川健一編、木耳社）の第六巻『沖縄の思想』は、私にとって、そんな忘れがたい出会いの一つであった。その中に収められた新川明の「非国民の思想と論理——沖縄における思想の自立」、川満信一の「沖縄における天皇制思想」、そして岡本恵徳の「水平軸の発想——沖縄の共同体について」は、明治の琉球処分以降の沖縄におけるモダニティや沖縄人の精神形成のあり様が、天皇制と植民地主義に深く構造づけられ、そのことが沖縄の戦後を一色に染め上げた「復帰運動」の心情と論理のなかに延命されているあり方を摘出し、沖縄の自立へ向けた思想の可能性を開くものであった。瞠目したのは、三者とも自らの精神の履歴を明らかにしつつ、それを激しく内破したことであった。自らを抉り、沖縄を抉る、その鋭角が私を撃った。

一九七〇年のことである。「反復帰・沖縄自立」の思想の本格的な登場を告げるそれらの言語行為には、私とは、沖縄とは、沖縄にとって日本とは何か、という問いが通奏低音のように鳴っていて、その問いが沖縄戦後世代の思考の揺れに強く呼びかけてきたのである。

今、この転換期の沖縄の状況の地熱から生まれた「反復帰・沖縄自立」思想の読み直しの必要を痛感させられる。なぜかといえば、そこに沖縄からアジアへと開かれていく接触と分有の道筋が敷設されているように思えるからである。アジアという言葉がちりばめられているわけではない。直接的なアジアへの論及があるわけでもない。が、近現代の沖縄が抱え込んだ歴史と体験を深く掘り下げること、そのことがアジアと深層においてつながっていくことを教えている。

つまり、こういうことである。沖縄は帝国としての日本がアジア地域を植民地主義的に支配していくモデルケースとなり、さらに「大東亜」の夢魔を乗せてアジア太平洋に拡張していくファーストベースとなったこと、戦後は冷戦のもとでの韓国・日本・台湾へと広がる東アジアの分断線の扇の要としてアメリカの占領下におかれたことが、不可避的にアジアを内在化せざるを得なかったということである。問題なのは、帝国・植民地体制を沖縄の側から補った皇民化・同化主義を、アメリカ占領からの脱出を「日本復帰」に求めたことで無意識のうちに、反復したことであった。「反復帰・沖縄自立」の思想は、そうした沖縄の近現代史に刻み込まれた共犯性を苛烈に批判し、その先にアジアを呼び寄せた。

世替わり期の沖縄に生まれた思想による、同化主義、天皇制思想、沖縄戦へといたる精神現象への批判的実践が、八〇年代以降、冷戦構造下で封印されていた帝国と植民地主義的な暴力の記憶がアジアの民衆自身によって解かれ、傷跡の深さを問い返す一連のアジア横断的な行為への沖縄からする応答の形を示唆するものであった。

このことは、同じ『沖縄の思想』に収められていた森崎和江の「民衆における異集団との接触の思想――沖縄・日本・朝鮮の出会い」の重要さに気づかせることにもなるはずである。

アジアとは何か、アジアという目線とはどのようなことを指して言えばいいのか？　アジアを平滑に語ることがアジアの目線を獲得しているわけではない。思い起こしてみてもいい。「沖縄イニシアティブ」が日本とアジア太平洋地域を結ぶ「知的な解決装置」としての沖縄の役割を揚言してはいても、終わらない東アジアの冷戦と分断の要となっている沖縄のアメリカ軍基地の役割を評価し、その存在を問わないところからする「ソフトパワーとしての沖縄」などあまりにもロマン的にすぎる。

「沖縄イニシアティブ」はアジアを語り、アジアを隠す。統合と同化の原理を拒む「反復帰・沖縄自立」の思想はアジアを語らずとも、アジアを顕す。深く内にあることが外を開く。アジアの目線とは、帝国・植民地主義と冷戦・分断体制が織りなした共犯の関係にたじろがず向き合い、そこに異集団との接触の思想を書き込むときはじめて獲得されるはずである。

「ここに日本尽きアジア始まる」

高良　倉吉

沖縄の歴史を深めるためにも、アジアという具体的な存在を強く意識する必要があると痛感したのは、一九七四年、ひと月をかけてタイ、マレーシア、インドネシアをあわただしく駆け回ったときのことであった。私の初の海外旅行だったのだが、訪れた国々はいずれも琉球王国時代において沖縄が深い係わりを持った土地である。

五百年前、琉球船が毎年のように碇《いかり》を下ろしたマレーシアのマラッカ港に立ち、われわれの歴史は、この目前の風景に結び合うような問題意識を抱いて語られてきただろうか、と思ってみた。多様なアジアに属しているはずのわが歴史が、この百年間、ひたすらヤマト（沖縄以外の日本）との関係性にのみ拘泥するかたちで語られ続けてきたことを深く疑問に思った。そのせいで、具体的なアジアを欠落させたまま、北の方角ばかりを向く歴史像が闊歩する状況を許してきたのではないか。現況を刷新するためには、とにもかくにも、われわれの歴史像を沖縄という土地が営んだ歴史実態に置き戻してやる必要がある、と感じた。マラッカで自問自答したそのときの気分を、私は『琉球の時代——大いなる歴史像を求めて』（一九八〇年）という小さな本で訴えた。

あの旅以来、何度も東南アジアを訪ねている。そして一九八一年、一か月にわたり中国を初めて旅した。福建省から浙江省、江蘇省、北京へと北上する旅であり、そのルートは琉球王国時代の先人たちが五百年の永きにわたり踏みしめた道程である。福州（福建省）では、琉球と中国の交流史を細々と研究する良心的な研究者グループにも会った。また、その都市の郊外に荒れ果てた姿の「琉球人墓群」があったが、歴史の現場を生きた先人の墓地に立ったとき、具体的なアジアを欠落させせつつ推移してきた沖縄歴史論は、まことに罪深いとさえ感じた。

あの日以来、沖縄の今という時代にアジアをどのように関与させるか、そのことを私が取り組むべき事業の一つとしてきた。

私個人の仕事としては、沖縄（琉球）とアジアの交流史を解説する本や論文を書き、求められれば各種の講座や講演会の演壇に立った。しかし、そのことよりも、沖縄の歴史や文化を考える専門家が集団としてアジアを身近に意識することのほうが大事であり、そのために、沖縄とアジアの研究者が共同で取り組むプロジェクトを組織したり、各種の学会やシンポジウムを開いて相互の研究者が交流できる状況を準備するなどした。また、北京の資料館に眠っている膨大な琉球関係資料を利用できるようにするために、中国の研究者と連携しつつその仕掛けをつくった。

しかし、具体的なアジアを意識できる沖縄、という状況をつくるための事業を学問研究の分野にのみ限定したくはなかった。例えば、地元の放送会社とタイアップし、東南アジアや中国の現地取材を織り交ぜた琉球アジア交流史の特番を何本もテレビで放映した。地元紙と組んで交流史を大々的にアピールするキャンペーンを展開するとともに、旅行代理店の協力を得て数多くのスタディツアーをアジア各地に送った。沖縄の地方自治体によるアジアとの数々の交流事業にも裏方として参画した。そのような活動を通じて、歴史という触媒による具体的なアジア意識を「大衆化」したかったのである。

学者はもとより、普通の県民にも気軽にマラッカに立って欲しかったのである。そこに立ち、沖縄にとってアジアは漠然としたものなどではなく、具体的な場所であり、人であり、われわれを含む現場だという認識を少しでも良いから共有したかった。

「沖縄イニシアティブ」(二〇〇〇年三月)を提起したペーパーに、「ここに日本尽きアジア始まる、ここにアジア尽き日本始まる」という碑文を沖縄の地に建立することが夢だ、と書いた。「日本の中の沖縄」という位置づけを明快にしたうえで、それゆえにこその位置に安住しない立場、すなわち「日本の外の沖縄」ぶりを自由に発揮すべきだとの思いに発している。

アジアという目線は、沖縄の私にとって、明確に自負に所属する。

アジアへ向けて開く〈間〉の思想

仲里　効

沖縄の歴史の変わり目には、決まって沖縄自立・独立の機運がたかまるといわれ、事実そうであった。戦後に限ってみてもそれは例外ではなかった。沖縄戦が終わって間もなく、戦前反体制運動で弾圧された人たちが、アメリカ占領軍を解放軍と見なし天皇制と日本軍国主義の抑圧からの沖縄人（民族）の解放（沖縄独立）を主張したことがあった。また対日講和条約の締結をめぐって沖縄の進路が問われた際には、国連信託統治、琉球独立、日本復帰を主張する勢力に分かれ「沖縄帰属論争」が起こったりもした。

この「帰属論争」は、冷戦の本格化で沖縄を極東の不沈空母にするための基地建設と米軍の剝き出しの占領政策によって、「解放軍幻想」がもろくも崩れ去り、それと入れ替わる形で日本を「祖国」と幻想していく潮流が大勢を占めることで収束していった。

ところが、そうした日本復帰運動に内在する同化幻想を逆手にとった、日米安保体制とアジア政策の再編強化が明らかになると、再び「復帰」の意味を根底から問う自立・独立論が胎動してくる。その思想的な射程の長さと深度において際立ったのが、この連載でもたびたび触れた「反復帰・反国家」論であった。「復帰」運動とその論理を近代の起源にまで遡り、植民地主義と天皇制との関係で深く呪縛された精神の構造を内側から踏み越えていく試みであった。

注目すべきなのは、この試みは沖縄が歴史的・地理的に帯電しつづけている日本との〈差異〉や〈異族性〉を発見し、新たな文体で蘇らせることでもあったということである。沖縄の〈異質性〉や〈異族性〉は、「復帰」によって仕切りが取れればそれとともに有効性を失うだろうという表層的な批判があったにもかかわらず、復帰後の状況に潜流しつづけ「琉球共和国へのかけ橋」（『新沖縄文学』一九八一年、四八号）や「沖縄にこだわる―独立論の系譜」（一九八二年、五三号）の特集に結実し、「琉球共和社会（国）」の思想へと転生されていった。「反復帰論」を政治的な構想にまで高め、呈示したものであった。

そして九〇年代に入り「沖縄独立の可能性をめぐる激論会」（一九九七年）にみられるように自立・独立論は時代の波打ち際を複雑に彩り、最近になって、沖縄に高度な自己決定権を創出していこうとする沖縄自治研究会の取り組みが始まり、さらに昨年三月五日に宜野湾市海浜公園で開催された米軍再編に抗議する県民大会では、「琉球独立」や「琉球共和連邦」旗が掲げられ、日本国家からの離脱と沖縄自立へ踏み出すたしかな歩行を印している。これまでのような歴史の節目に現れては消え、消えては現われる間歇的な現象とは異なり、明らかに思想性をともなった持続的な実践の様相を呈しつつある。

海南道の思想や沖縄特別県制構想から沖縄自治州や琉球共和国までの振幅をもつ沖縄の自己決定権の系譜。自立・独立論はその最高の政治的形態といえようが、沖縄人が己を問い、歴史に向かって開こうとするとき、避けようもなく招き寄せるアイデンティティの動態でもあるといえよう。そのときどきの時代状況によって現れ方は違うとはいえ、沖縄の自己決定権の〈再帰性〉は、琉球・沖縄が日本に対してもっている異族の論理や終らない日米合作の構造的差別からくるものであり、このことは沖縄の人々がいまもなお日本人という「われわれ」や国家としての日本へ閉ざされることをよしとしない抵抗体である、ということでもある。

こうした時代の深層を流れる水脈や沖縄の人々の筋肉の夢や精神の葛藤は、歴史の表層をなぞるだけの視線では決して見えてこないだろう。反復するかにみえては螺旋《らせん》状に時代を回り込む沖縄自立・独立の潜勢力は、だから、米軍基地がなくなれば消滅するという性格のものではない。それは同化の原理で踏み荒らされたアジアの時間と空間を「歴史の他者」によって開き、国民化と国家のあり方をも問い返していく重層的な力につながるはずである。

沖縄の日本からの離脱は、沖縄を閉ざすことではない。アジアに向かって開く、差異を差異としつつ、民衆と民衆の〈間〉を織る交通の思想なのだ。独立は発明されなければならない。

「地域力」構築の具体像を

高良　倉吉

独立の気概を沖縄が備えることは決定的に重要な事項と言える。地域が帯びるべきアイデンティティのために、それを磨きあげるためにも、主体たる地域の心底に絶えず独立の気概を据える必要があるからだ。問題は、気概の表出をどのような「かたち」にするか、である。

例えば、独自の憲法を持ち、それに基づく自前の統治システムによって運営される国家像を「かたち」とするのか。とすれば、必要となる国家運営上の財源や外交、安全保障、国語などの基軸的要素を描いてみせる必要がある。

自立型の国家ではなく、日本という国家の枠組みに基本的に属しつつ、大幅な裁量権を認められる独立性の強い地域単位を目指すべきか。その可能性を検討するとき、道州制論議の範囲に止《とど》めるべきなのか、それとも、より一層の独立性を付与する方向で考えるべきなのか。いずれのタイプであるにせよ、その具体像を必死に描かなければならない。

制度としては現行の沖縄県体制を据え置いたままで、その内部において独立の気概を発揮する状況、例えば文化やスポーツ、「県民性」、「国際交流」などの振興を図るのか。そのほうが良いとした場合、引き続き激しく変化・変容するはずの時代と向き合う「地域力」をどう構築するか、将来展望を明確にしておかなければならない。

これまで唱えられてきた「沖縄独立論」は、沖縄という地域の将来像をどのように描くかという点で、具体性が希薄であったと言わざるをえない。その論に含まれる傾向は、ヤマト（沖縄以外の日本）への不満、批判であり、「沖縄人」が差別されたこと、沖縄戦という地獄を押し付けられたこと、異民族統治下に二十七年も放置されたこと、在日アメリカ軍基地の七割余を押し付けられていること、「軍事的植民地」の軛《くびき》に甘んじさせられていることなど、ようするに沖縄がヤマトによって酷く扱われてきた点を引用しつつ唱えられてきた。そのような「日本」・ヤマトから分離・独立し、独自の存在になりたい、という主張である。

その主張には同情できる点もあるが、では行く先をどう示すか、どのような「かたち」が到達点になるのか、ロードマップを説得力をもって語ることをせずに、思想的・心情的な地平に終始してきたのではないか。「独立論」というテーマは思想・心情に止まる問題では断じてなく、この地域に住む百三十万余の住民の明日を左右するテーマである。したがって、思想・心情の地平から発せられる「沖縄独立論」に私は与しないし、興味もない。

独立国家沖縄（あるいは琉球）ではなく、同時にまた現行の沖縄県体制に安住するのでもなく、独立性の高い地域単位としての沖縄（あるいは琉球）を目指す、というのが私の立場である。道州制概念に収めるのか、そのレベルよりなお高い独自性を展望するのかは引き続き検討したいが、その方向で将来を見つめたいと思う。

私の立場で考えようとすれば、この作業には不可欠な二つの前提が必要となる。一つは、日本という国家の中に沖縄をどう位置づけるかであり、そのためには日本の国家体制を動かないもの、固定化されたものと見るのではなく、それもまた確実に変化し、進化することを運命づけられていると見ることである。変わる日本、進化する日本の中に沖縄を位置づけることだ。

もう一つの前提は、独立性の高い地域単位に至るためのビジョンを描くと同時に、今この時点に立って、望むべき将来を志すほどの「地域力」をわが方が着実に形成し続けていることである。経済の基礎体力を、経営主体の一つとしての地方自治を、戦力としての人材育成を、沖縄が将来に向けて確実に磨いていることである。

あの先に、独立性の高い地域単位としての沖縄が実現していると仮定する。その場所から、沖縄の今はどのように評価されているだろうか。——あの先に向って、言い訳を繰り返すしか能のない自分の姿に、無性に腹が立つ。

〈沖縄独立論〉 アメリカ統治時代、日本復帰後を通じて度々論じられてきた。近年では米兵による少女暴行事件や米軍が施設用地を継続使用するための駐留軍用地特別措置法改正などが続いた九〇年代後半から議論が活発化した。背景には、復帰後も米軍基地のありように基本的変化がないことや、それを含む歴史的なヤマトとの関係についての失望や怒りがある。復帰当時、基地の街コザ（現沖縄市）の市長だった大山朝常氏が九七年に出した『沖縄独立宣言―ヤマトは帰るべき「祖国」ではなかった』は県内でベストセラーになった。

沖縄差別

終わらぬ植民地主義

仲里　効

　普段は決して表には出てこない深層心理が、ある出来事をきっかけにして鋭く現前化し、私たちの日常をたじろがせることがある。そのことをはっきりと見せつけられた最近の事例として、九・一一直後、最高度の警戒態勢が米軍基地が集中する沖縄にも敷かれたとき、文部科学省から都道府県教委に宛てた一通の通達文であった。海外の修学旅行に対し注意を促すものであったが、受け取った複数の教育委員会がさらに「特に韓国、沖縄」と地名を挙げたことで、沖縄への修学旅行のキャンセルが相次ぎ社会問題化した。

この通達文からは「安全な日本」と「危ない沖縄（韓国）」という抜きがたい心理地図が見えてくる。むろんそれは、日本の平和と安全を保障するため米軍基地を沖縄に集中させた戦後体制と、東アジアに展開する米軍基地にとっての沖縄の地政学的な位置の結果といえるが、日本の植民地主義的遺産の隠微なあらわれであったことを見逃すことはできないだろう。

この通達文に接したとき、「民衆における異集団との接触の思想」のなかで森崎和江が紹介していたあるエピソードのことを思い出さずにはおれなかった。そのエピソードとは、若い労働者に、広げられたアジア地図の中から一地域だけ買えということになったらどこを選ぶか、と尋ねたところ、中国、インド、ベトナム、中近東というぐあいに売れて、最後に沖縄と朝鮮半島が残った、という。これはゲーム感覚で親近感や関心をあらわしていたとはいえ、沖縄と朝鮮半島が売れ残ったことの意味は、若者の意識下で働いていたであろう、植民地主義の影に気づかせてくれたことである。売れ残った「沖縄と朝鮮半島」は、戒厳下の通達文のなかに注意を促す「韓国と沖縄」と決して無関係ではないはずだ。

ここでいう植民地主義を「同化」と「差別」、「包摂」と「排除」の機能として見るならば、問題の所在ははっきりするのかもしれない。「差別」は見えにくくなったということだけであって、なくなったわけではない。このことを考えさせられたのは、三年前、関西の沖縄出身者が、芝居『人類館』の再演を実現させた取り組みであった。一九〇三年に大阪で行われた内国勧業博覧会での「学術人類館」なるパビリオンに、「朝鮮人」、「アイヌ」、「台湾の生蕃《せいばん》」とともに「琉球人」が〈展示〉された事件を題材にして、一九七五年に知念正真が作った『人類館』を、事件から百年目に再演し、沖縄の人々の過去と現在を考えてみようという試みであった。『人類館』は、調教師と二人の男女を時空を往還させながら、差別と同化に翻弄された沖縄人の生きざまを笑いによって撃ち、衝撃を与えた作品である。

上演趣旨には、沖縄からヤマトに渡った一世から三世までの〈それぞれの在日〉に着目しつつ「人類館事件」を二重の原点とすることとあった。すなわち〈一つは、本土における初めての沖縄差別として、もう一つは、その後の『さまよえる琉球人』、『滅びゆく琉球女の手記』、副読本『にんげん』に対して抗議する際に繰り返し現われる、「同じ日本人なんだから〇〇と一緒にするな」というウチナーンチュの主張のありようです〉と述べられていた。

ここには「差別」と「同化」の〈共犯関係〉がはっきりと意識されている。沖縄を見るヤマトの視線とそれに応えようとする沖縄側の虚構。「沖縄ブーム」や「多元文化共生ブーム」は、沖縄の生活や文化を無毒化し、「見せ物」として消費していくものでしかない。「スローライフ」や「癒し」を求め、島唄にエイサー、青い海と青い空を欲望する視線と、異人種を〈展示〉する視線は別物だろうか。基地と観光が同居する沖縄を「現代の人類館」と見た、関西在住沖縄人たちの見方は「差別」の現在的位相を言い当てていた、と私は思う。

とするならば、「韓流ブーム」や「沖縄ブーム」とは、あの買うというエピソードにひそまされている無意識の機制や文科省・都道府県教委の通達にみられる排除の論理が反転されたものであり、それはまたいつだって「嫌韓流」や「嫌琉」に反転していく構造をもっている。この国のまなざしの構造に、終わらない植民地主義をみる。

制度としての差別は存在せず

高良　倉吉

「沖縄差別」という言葉を目の前に差し出されたとき、その問題をどのような問題として構築すべきか、それ自体にまずは戸惑う。差別の対象となるのは「沖縄」なのだろうが、それは沖縄という土地のことなのか、そこの住民もしくは出身者の集団あるいは個人のことなのか、文化のことを指して言うのか。

歴史的に観察すれば、一八七九年（明治十二年）春の琉球処分＝沖縄県設置以降、確かに沖縄はヤマト（沖縄以外の日本）と制度上区別されたことがあった。琉球王国時代以来の旧制度を全国並みの制度に変革するまでの間、中央政府（明治政府）はいわゆる「旧慣温存」路線を敷いたが、その特別制度は大正期に終焉する。

近代を通じて沖縄出身者が関西や関東などに多数居住するようになり、その場所で「差別」的に扱われたという事例は数限りなく存在する。そのような意味での「差別」は、戦後においても数多くの沖縄出身者が体験させられた。沖縄戦でも、ヤマト出身の「友軍」兵士による地元住民に対する「差別」的な言動が至るところで見られた。

戦後、沖縄のみを日本から切り離してアメリカ統治下に置いたこと、そして、日本復帰から三十四年を経た今なお、沖縄のみが在日アメリカ軍基地の七割余を負担させられ続けていることも、「差別」的な事柄として問題にできるかもしれない。

ということは、「沖縄」を「差別」してきたのは日本の中央政府やヤマトの人々であり、「差別」される側の「沖縄」にとっては「他者＝あなた達」であったことになる。「沖縄差別」の問題もまた、沖縄対ヤマトという関係性をめぐる一環なのであろう。

重要な事実を一つだけ確認しておきたい。アメリカ軍基地が沖縄のみに偏在しているという不公平さを除くならば、わが国において沖縄県のみが区別され、「差別」を受けるような特別制度はない。二〇一二年三月期限の、沖縄県のみを対象とする振興計画が推進されているが、それは沖縄側が望んだものである。

基地使用に異を唱える「反戦地主」に対し、政府が強制使用を行うことができるよう、沖縄県知事の許認可権を奪う形で成立した改定米軍用地特措法（一九九七年四月）は、「沖縄差別」の法律であるかどうかはともかくとして、地方自治や民主主義、あるいは思想・信条の自由に抵触している可能性がある。衆議院で九割、参議院で八割の議員が賛成して成立したところのこの法律の意味するところを、主義主張を超えて問題とする必要がある。

そのことをふまえても、日本国憲法体制下にあって、沖縄という地域のみが他と区別され、誰の眼にも明らかな「差別」的境遇を強いられ続けているという決定的事実は存しない。不公平の是正や、基地優先主義の是非などを問う論点は確実に存在するものの、制度をめぐる「差別」論を唱えうるような実態はない、と私は思う。

沖縄の文化が、「差別」されるような状況は存在するだろうか。「沖縄ブーム」のことを言うよりも、私は日本復帰後のこの三十年余の沖縄・ヤマトの相互交流の深化のほうがより大切だと考える。

実は、復帰後の時間は「大交流時代」だったのであり、その交流実績は量的にも、また質的にも以前とは比べものにならないほどの重さを持つ。ヤマトと一括して呼ぶものの、ヤマトという内実はきわめて多様であることを沖縄びとも知り始めた。自らの目で沖縄を見て、その魅力や問題点を認識するヤマトびとの数も著しく増えた。そして、ウチナーンチュ（沖縄人）、ヤマトゥンチュ（本土日本人）という呼び方そのものに疑問を呈する人々の数も増加している。

このような時代において、日本の近代史や現代史の内実を抉り出す歴史上の問題としてではなく、明日を論ずるために、「沖縄差別」論がなぜ必要なのか、その積極的な意図が私には理解できない。「他者」である「あなた達」の私に対する「差別」を指弾したいとき、私にはそれを言うだけの資格があるなどとは思いたくないからだ。

〈沖縄差別〉 明治以降、就職などで本土に渡った沖縄出身者は、言葉や生活習慣の違いから差別や偏見にさらされることが多かった。一九〇三年、大阪で催された内国勧業博覧会場外の民間パビリオン「学術人類館」で沖縄の女性がアイヌや台湾の高砂族などと共に見せ物とされた。戦前には、出身者が多く住む阪神地区や京浜地区では家を貸す時、「琉球人お断り」の札が下げられたり、就職や給与で差別されたりすることもあった。沖縄県内では方言撲滅運動が推進され、小中学校で方言を使うと罰として木札「方言札」を首からかけさせられた。

沖縄にとって国家とは

同化と排斥の圧力装置

仲里　効

戦後沖縄の保守政治の泰斗で、県知事を三期務めたこともある西銘順治が、「沖縄の心は？」と問われ、「ヤマトゥンチューになりたくてもなれない心」と答えたということはよく知られている。沖縄の人々の心の機微を言い当てた名（迷）言として、今でも何かにつけよく引き合いにされるが、この保守政治の泰斗が択んだ戦略は、「なりたくてもなれない心」を逆説的に活かし、ヤマトに追いつき追い越すことをラディカルにして、日本復帰後の沖縄の政治的・文化的共同性を方向づけていったことである。

「なれない」ということをネガティブな要素としてみなし、それを打ち消すようによりいっそう「なりたい心」をウルトラ化していった、ということである。この過程は、日本復帰運動を支えた論理が復帰後の沖縄の政治空間に延命されていく事情をよく伝えていた。保守政治のリーダーは、沖縄の政治を動かすポピュリズムをよく心得ていた。そもそも「ヤマトゥンチューになりたくてもなれない心」自体は、同化主義が創作したイデオロギーという側面は否めないが、このイデオロギーが「なれない心」を疎外しつづけずにはおれなかったということもたしかである。

日本人に「なりたい」欲望と「なれない心」。この背反する心的メカニズムは、沖縄の歴史が動く時の関数でもあった。とはいえ、問題なのはこの心的メカニズムがどのような歴史的・政治的事情によって生まれてきたかということである。こう問うとき、そこに立ち現れるのは、国境によって領土を画定し、国民を統合していく内に向かう運動と、国家主権を外に向かって拡張していく運動の結び目としての沖縄の存在である。ここからはまた、沖縄にとって国家としての日本とは何であったのかが見えてくるはずだ。

言葉を換えて言えば、国境、領土、主権の三位一体の構成的な働きの結界に沖縄の地政学的な位置が利用されたということである。国家の内と外の結節点としての沖縄。領土の自己表出としての〈国境〉を、沖縄は歴史的身体に刻み込んできた。この境界性こそ、あの日本人に「なりたい」欲望と「なれない心」が生産されるトポスでもあるのだ。こうした国家の主権と主権の利権が絡む「外交」や「国防」といわれるステージで、駆け引きの具にされたという事実は、沖縄の歴史が教えるところでもある。

例えば、歴史の激動に消えたとはいえ、明治の琉球処分の最終段階で日清両国間の外交上の取引として、八重山と宮古を清国が、沖縄本島を日本が分割所有する「分島問題」や、日本の独立と非武装化が沖縄の分離とアメリカによる占領の継続とペアの関係であることを構造づけたサンフランシスコ講和条約と日米安保条約に秘められた国家エゴイズムをみれば、沖縄の位置がはっきりするだろう。「捨て石」としての沖縄戦を思い出してもいい。近代と戦争と戦後の方向を左右する結節点において、沖縄は併合と分割を生きさせられたのだ。

これは戦後、朝鮮や台湾などの旧植民地が「解放」や「光復」として日本から独立していったのとは対照的である。沖縄は日本国家が延命していくために戦略的に残存させられたのだ。そのことの原像となったのが「天皇メッセージ」であった。アメリカが沖縄を占領しつづけるためには、日本の合意がなければならない。合意が成立するためには国家主権が必要である。そのために創作されたのが残存主権である。この「残存主権」という擬制は、沖縄に働いた国家の排他的暴力を考える上で興味深いケーススタディーを提供している。

沖縄にとって国家とは同化と排外の圧力であり、国家にとって沖縄とは「大地のノモス」の踊り場である。その歴史的身体には国家意志の痕跡が幾重にも折り重なっている。つい最近も「米軍再編」において、「沖縄の負担軽減」と「抑止力の維持」を使い分けた「外交」や「国防」の名のもとにナショナル・ウイル（国家意志）が発動されるのを見た。同化のイデオロギーが疎外し、剰余のように渦巻く「なれない心」は、それ自体の名において立つことができるのだろうか。今、それが問われている。

主体的な将来構想が課題だ

高良　倉吉

沖縄にとって、国家は、初めは自分のものであった。五百年にわたりアジア海域世界の一角に位置し、琉球人と称した住民が居住しただけでなく、首里王府という統治機構を持つところの国家、すなわち「琉球王国」が存在したからである。

沖縄にとって国家はまた滅び行くものであり、超歴史的に永続する存在では決してなかった。日本の近代国家がその範囲を琉球王国にまで展開したとき、沖縄はそのパワーに呑み込まれ、「亡国」という現実を体験することとなる。ベトナム独立運動の父と敬愛されるファン・ボイ・チャウ（一八六七～一九四〇年）は、フランスによる植民地支配に対する警鐘として『琉球血涙新書』（一九〇三年）を書いた。琉球亡国という事態は、近代ベトナムにとっても対岸の火災ではなかったのである。

「亡国」により単体としての国家時代は終焉し、沖縄（琉球）は日本という巨大な国家の内部に措定され、その枠組みに即しながら生きていかざるをえない時代を迎える。この時点からの先は、国家内部の弱者的な位置にありながら、そうであるがゆえにこそ、「国民性の発揮」を目指す道程を歩まざるをえなかった。沖縄にとっての国家はもはや、ひたすら寄り添うべきもの、自らを一体化すべきものとして意識された。

だが、沖縄戦後の二十七年間におよぶアメリカ統治時代は、沖縄にとって国家という存在が揺らいだ時間であった。統治機構はアメリカのものであったが、彼らが支配する土地と人民の原籍はアメリカではなく、日本のものであったからだ。日本復帰は、統治機構をアメリカから日本に変換することであり、土地と住民の原籍を顕在化する出来事であったといえる。

沖縄においては、「唐世《ユー》」から「ヤマト世」、「ヤマト世」から「アメリカ世」、そして「アメリカ世」から「ヤマト世」に時代は変転した、という言い方をする人が少なからずいる。「世《ユー》」は時代というほどの意味だが、中国（唐）の朝貢国だった琉球王国時代から日本の沖縄県時代へ、戦後はアメリカ統治時代へ、そして日本復帰により再び沖縄県時代へ、という流転ぶりを庶民感覚で言い表した言葉である。大国の都合にもてあそばれ、当の沖縄は脇に置かれているとの揶揄も含まれている。

しかし、沖縄の歴史を勉強してきた私は、その言い方に批判的である。琉球王国時代のダイナミックな国際関係を度外視して、その時代を「唐世」と呼んだとき、歴史は全く平板なものに堕してしまう。中国皇帝向けの高度な外交文書を作成したり、アジアの荒海を航海したり、薩摩の家老と厳しいやりとりをしたり、江戸城において将軍の前で華麗な琉球舞踊を舞ってみせたりするなど、小国として生きる独自の術を身につけていた。首里王府のエリート官僚の採用試験は難問であり、しかも競争率は三百~五百倍だったのである。

「ヤマト世」や「アメリカ世」という言い方についても同様であり、変動極まりないプロセスに対して喜怒哀楽を込めつつ、それぞれの時代を刻むように生き続けてきた「われわれという主体」が、「世《ユー》」表現においては後景に退いてしまっている。強いて「世」という言い方をしたいのであれば、それらすべての時代は「琉球世」であり、また「沖縄世」であると言うべきだろう。

かつて独自の国家を持ち、「亡国」の憂き目を経験し、国家という存在の揺らぎを見てきた地域として、それをどのように活かすのか。「こんな沖縄に誰がした」という式の犯人探しを繰り返し、「沖縄問題」という「問題」の中に沖縄を止め置くのか。それとも、歴史的現実を直視したうえで、沖縄という存在に付加価値を付け、将来構想を練るのか。その際の態度決定に必要なものは「歴史」ではなく、今を生きる「われわれという主体」である。

その「主体」が志す営みは、現今の国家の相貌を批評するパフォーマンスなどではなく、「この国のかたち」をどう目指すかという課題にのみ帰属する、と思う。

〈琉球王国と沖縄県〉 琉球王国は沖縄本島を中心に、十五世紀から明治政府に併合されるまで約四百五十年続いた。一六〇九年の島津氏の出兵以後は日清両属となったが、王国としての独自性は保ち続けた。しかし、琉球処分で一八七二年に琉球藩とされ、七九年に沖縄県となった。日清戦争以後、徴兵令施行や沖縄から衆議院議員を選出するための法改正など日本に本格的に組み入れるための制度改革が相次いだ。一方、県の主導で「日本国民」となるためのヤマト化が推進され、方言撲滅運動をはじめ、服装や生活習慣など沖縄の伝統的独自性を排除する運動が展開された。

沖縄の団塊世代

類としての「植民地的身体性」

仲里　効

一九七八年七月三十日のことであった。それまでの「人は左、車は右」から「人は右、車は左」へと交通方法が一夜にして変わった、「交通革命」とまでいわれた730（ナナサンマル）の日、その「革命」なるものを体感したいと思い、沖縄本島南部にドライブしたときのことである。長いカーブを描いて延びる坂道を上りきって、視界いっぱいに緑のサトウキビ畑が広がる道に抜けたところで、不意に真正面からこちらに向かって走ってくる車に気がついた。「あっ！」と思った瞬間、力任せにハンドルを切った。車は右に急旋回し、対向車線を越え路肩をえぐりながら砂糖キビを激しくなぎ倒していた。

出かける前、「左!」というビックリマークを付した文字を頭に叩き込み、運転中もそれを意識するようにしていたのだが、長い坂を上りきった一瞬の隙に無意識は「右」にスイッチされていたのである。このときの目と身体の奥の無意識の乱数をどう説明すればいいのだろうか。日本本土との一体化の法制度的仕上げといわれた「ナナサンマル」は、また、強引な政府のやり方から「交通処分」とも呼ばれ、沖縄の風景や人々の身体感覚を「本土並み」に平準化していくものであった。

七二年の「復帰」に続くこの「交通処分」は、沖縄の風景が変わっていく転回点になったということにとどまらず、身体の奥の無意識の変更を迫るものでもあった。何かが大きく変わっていく、ということを実感させた出来事である。これを境に沖縄の風景から、〈アメリカ〉が背後に引き、〈日本〉が前景にせり上がってきたということでもある。

沖縄の団塊の世代的特徴を挙げよといわれれば、アメリカの「軍事植民地」とそれからの脱出としての「日本復帰」運動の狭間で形成された、ある生存の形であると言うことを私は躊躇しない。むろん、いちがいには言えないにしても、沖縄の団塊の世代の分母には、アメリカのヘゲモニーに従属した日本が積極的に関与することによって生まれたコロニアリズムがあったことははっきりしている。このコロニアリズムは、暴力とポップスの双面を持ちながら沖縄の政治的・経済的・社会的・文化的領域に縦横に食い込んでいった。

例えば、団塊の世代の〈類〉としての記憶の始まりには「ポークたまご」を口にしていたし、ドル紙幣は日常の生活のなかで流通し、「守礼の光」や「今日の琉球」などの宣撫工作用雑誌が無料で配られた。フェンスで囲われた丘の上では、軍用犬を引き連れたガードが巡回し、外人住宅の庭では昼日中からアメリカハーニーが黒い皮膚、白い皮膚の男と抱き合っていた。ハイウェイNO1といわれた軍用道路にはミリタリーグリーンの車両が我がもの顔で走っていた。地域によって濃淡の差はあれ、沖縄の団塊世代がポップスと暴力が絡み合ったコロニアルな原色の風景のなかで幼少年期を過ごしたことは間違いない。

そして、米兵によってレイプされ殺されたり、青信号を渡っているところを米軍トラックにひき殺されたり、同世代の彼や彼女らに加えられた、基地と米兵がらみの暴力を直接・間接に目にし耳にしていた。

一方、アメリカの占領があまりにも理不尽すぎたので、過剰なまでに海の向こうのヤマトに救済を求め、団塊の群像は、沖縄の先生たちによって、りっぱなニッポンジンになるための頭と心を改造していく情熱の対象とされた。日の丸の旗がアメリカへの抵抗のシンボルとして打ち振られた。これもまたまぎれもないコロニアルな風景であった。

こうした〈アメリカ〉と幻想の〈日本〉との間で育った生存の形こそ、沖縄の団塊の世代の〈類〉と〈群れ〉を特徴づけるアイコンでもある。そんな沖縄の団塊の世代の経験の総和を、私は「植民地的身体性」と呼ぶようになっていた。あのナナサンマルの日、身体の奥の無意識の乱数は、〈アメリカ〉から〈日本〉に風景がシフトすることへの、沖縄の戦後とともに歩んだ世代の〈類〉のしびれだったのかもしれない。

「米留」より「日留」のヤマト志向

高良　倉吉

わが国の団塊世代の人々の中で、沖縄のそれは特にどのような特質を有しているのか、そのことを客観的に語るデータを私は持っていない。したがって、以下に述べる話題はきわめて独善的であり、主観的なものでしかない。

戦後の混乱期に生を受けたという点は、沖縄もヤマト（沖縄以外の日本）の団塊世代も同じである。戦後ベビーブームの申し子という点も同様であり、沖縄において年齢別人口の突出部分を占める。しかし、成長のステージであった「戦後」という環境や条件は、沖縄とヤマトでは大きく異なっていたと思う。都市と農村では異なる位相だったにせよ、ヤマトの団塊世代は「独立国日本」の「発展」ベースに乗りながら成長できた。沖縄の同世代はといえば、地域的な差異はあったにせよ、アメリカの「軍事的植民地」下での「発展」を呼吸しつつ成長しなければならなかった。

私が生まれたのは小さな離島、伊是名島《いぜな》だが、小中校時代を過ごしたのは僻遠の島、南大東島であった。二つの島にアメリカ軍基地はなく、アメリカ統治を意識する場面はほとんどなかった。記憶しているのは、南大東島を視察に来たポール・W・キャラウェイ中将（沖縄統治のトップ、高等弁務官）を、中学の生徒会代表の一人として飛行場で迎えたことくらいである。

だが、那覇の高校に進学して、圧倒的な存在であるアメリカ軍基地を毎日のように目の当たりにし、黄色のナンバープレートを付けたアメリカ製の大型乗用車が走り回る光景を見慣れたとき、この島の「ご主人様」はアメリカだと確実に実感できた。家の近くには兵士の愛人（いわゆるハーニー）がおり、手にたくさんのプレゼントを抱えて、いそいそと彼女の部屋を訪ねる御仁によく出くわした。叔母は基地内の住宅でメイドとして働いていたが、しばしば古着や珍しい缶詰などをお土産にもらってきた。その服を愛用し、缶詰を食したのはもっぱら私である。確かに、アメリカは相当に上位の存在であり、沖縄に君臨する具体的なパワーだった。

だが、沖縄の団塊世代はアメリカ留学にさしたる関心を持たなかった。われわれより少し前までの世代の多くは、アメリカが準備した留学制度を利用して全米各地の大学で学んでいたのである。戦後沖縄のリーダーを数多く輩出したこの「米留」世代に対し、われわれの世代の目標は「日留」であり、特にヤマトの国立大学に入学できる国費留学はあこがれの的であった。同世代の多くは医学部や歯学部、薬学部に進んで医療関係の職を目指すか、あるいは工学部や法学部、経済学部に進んでヤマトの一流企業で活躍するのが夢であった。要するに、修行先はアメリカではなくヤマトであり、主たる目標は実学方面だったのである。

前世代とわが世代のあいだにそのような差がなぜ生まれたのか、と考えたことがある。「米留」制度が後退し、「日留」制度が充実したためなのだろうか。すでに大勢を占めていた「祖国復帰」運動の影響下にあったがゆえに、意識はヤマトのほうを向いていたということなのであろうか。それとも、統治者アメリカの横暴ぶりに反発し、「独立国」として経済繁栄を続けるヤマトにあこがれたゆえなのであろうか。あるいは、アメリカ統治下で沖縄の教師たちにより推進されたところの「日本人としての教育」が、われわれの世代において効果を発揮したということなのだろうか。答えはまだ見つからない。

結果として、ヤマトを修行先に選んだ同世代の多くの者たちは、一九六〇年代後半から七〇年代初頭における時代状況を教師とする形で種々学習することになった。ベトナム戦争、中国文化大革命、大学闘争、そして沖縄「返還」問題がクローズアップするまさしく政治の季節であり、そのいっぽうで、着実に成長を続ける経済大国日本の富の再分配ぶりが各方面で乱舞する頃であった。その情況に比べると、沖縄の「政治」と「経済」は貧しい、と痛切に感じていた。

ヤマト体験を活かして、その後、その者たちはどのような生き方をしただろうか。明確に言えることは、断じて一括りにはできない多様な生き方が現出したことだ。そしてまた、その中の一部の存在は、沖縄という立場性を模索し始めた、ということである。

〈団塊の世代〉 終戦間もない一九四七~四九年のベビーブーム期に生まれた世代。全国で総勢約六百八十万人と、人口の五%強を占める。日本経済の成長を担ったほか、戦後のさまざまな時代の思潮を刻んできた。「全共闘世代」（六八年）「ニューファミリー」「ペアルック」（七二年）「熟年離婚」（九〇年代）など、各時代を象徴する現象の中心的世代になった。沖縄の団塊の世代は、日本への復帰運動が盛んになる中で青年期を迎え、復帰後の沖縄を様々な分野でリードしてきた。

日本国憲法

九条と一条が抱き合う幻想構造

仲里　効

「沖縄違憲訴訟」があったことをご存知だろうか。沖縄がまだアメリカの統治下にあった一九六五年、沖縄県祖国復帰協議会や沖縄問題解決国民運動連絡協議会が中心となって、米国民政府による日本本土への渡航拒否で住民が被ったとする人権侵害に対しての損害賠償と沖縄居住の原爆被爆者の医療費請求を求め、国を相手に訴えた裁判である。この訴訟は、沖縄の法的地位を定めた対日講和条約三条が国連憲章や日本国憲法に違反し、違憲であるとしたことに特色があった。「平和憲法の下への復帰」を求めた日本復帰運動を法的に主張した取り組みとして注目されたが、判決が出ないうちに復帰となり、取り下げられた。

　提訴を説明した文の「日本国憲法と沖縄」で原告側は、「『沖縄は日本の領土であり、沖縄県民は日本国民である』という大前提がある以上、沖縄に日本国憲法を適用するのは当然のことである」と述べていた。しかし、この訴訟は図らずも日本復帰運動が何を隠し、何を問わなかったのかをはっきりさせることにもなった。

「日本国憲法」の最も際立った特徴をなすものは、いうまでもなく世界の諸国家が到達したことのない絶対平和主義を条文化した第九条である。ところがその第九条を可能にしたのは、天皇制の存続と沖縄の占領を抱き合わせにしたアメリカの占領政策であった。戦力の不保持と交戦権の否定の背後には、天皇の戦争責任の免責（「象徴天皇制」という形をとった天皇制の存続）と沖縄の浮沈空母化（占領の継続による軍事植民地化）があった。その後それは、冷戦の本格化と講和条約・日米安保条約によってより鮮明にされたことは周知のことである。

　さらにいえば、四十七年九月十九日宮内庁御用掛寺崎英成を通して「天皇は、アメリカが沖縄を始め琉球の他の諸島を軍事占領し続けることを希望している（中略）アメリカによる沖縄の軍事占領は、日本に主権を残存させた形で、長期の――二十五年から五十年ないしそれ以上の――貸与をするという擬制の上に成されるべきである」と伝えられた、いわゆる「天皇メッセージ」が結び目になった。

　ここからいえることは、第九条の「平和主義」は第一条の「象徴天皇」と不可分の関係にあったということである。そしてそのことは、沖縄を排除しつつ利用することによって可能となった。

日本復帰運動が問わなかったものとは、日本国憲法の隠された鍵のような第一条の「天皇条項」であった。この天皇制を不問にしたものこそ、戦前の皇民化・同化主義と互換性を持つ従属的ナショナリズムであった。いわば復帰運動は、沖縄戦の戦争責任とアメリカによる排他的な占領の継続の戦後責任を糺しそこねたのである。天皇制の延命はまた、日本と植民地となったアジア諸地域を分かつ分水嶺にもなった。「国民の総意」による象徴天皇の認知は、天皇家の血統による統合を認めることでもあった。

「平和憲法への復帰」は、「国民統合の象徴としての天皇」制への内属でもあった。だからこそ〈反復帰・沖縄自立〉の思想は、九条と一条が抱き合う幻想の構造を問い、厳しく批判した。

沖縄にとって「日本国憲法」とは、沖縄を排除することによって成立した戦後国家の〈われわれ〉の縮図といえよう。「憲法改正」が政治日程に上りつつある現在、改憲論にも護憲論にも決定的に欠けているのは、一条と九条が併存する日本という国家のアポリアへの深い問いかけである。自衛隊と象徴天皇はなぜ生まれたのか。九条を問うことは一条を問うことでなければならない。一条を問うことは冷戦の文脈と植民地主義の罪と罰を糺すことでもあるはずだ。

沖縄の自立の思想は、「平和主義」と「象徴天皇」の結婚から生まれた〈われわれ〉とは異なる政治的公共圏を群島的想像力において独自に案出した。八一年の「琉球共和社会（国）憲法」がそれである。この憲法空間は、九条と一条の抱き合いの構造を越えた外部に、天皇を持たない異族としての沖縄の可能性を発明した。前文には「好戦国日本」への決別がうたわれ、九条の理念が析出されていた。

「復帰」の瞬間に抱えた矛盾

高良　倉吉

アメリカ統治下の沖縄でも日本の教科書による授業が行われていたので、高校生の頃から日本国憲法の骨子程度は知っていた。国民主権や基本的人権、民主主義、あるいは平和主義のことなどを学んだが、しかし、そこに登場する理念は、沖縄のおかれた現実とはおよそかけ離れた遠い土地のものだと感じた。

日本国憲法を初めて読んだのは一九六七年、愛知県の小さな大学に入学した頃のことである。教養科目で法律の授業をとり、刑法に関する初歩的なレポートを書くために附属図書館でリサーチしたのだが、その際に憲法を見つけ冒頭から最後のページまで熟読した。特に前文は繰り返して読み、出だしの名調子は暗唱できるまでになった。無謀な戦争を仕掛け、自国民と世界の人民に辛酸をなめさせた「軍国日本」に決別し、新しい日本の構築を目指す気概が感じられる文章だと思った。しかし、それでもなお、そこに述べられている理念は沖縄を埒外において成り立っている、という無念さはどうしても払拭できなかった。

あれから四十年の歳月が流れ、とうの昔に沖縄も憲法体制の一員となり、改憲か、護憲か、あるいは論憲かという主張をめぐる政治的対立の構図にすっかり包摂されてしまっている。

よくよく考えると、七二年の沖縄の日本復帰は、圧倒的な軍事拠点である基地オキナワを日本国憲法体制が受け入れたということである。アメリカ側の基地の整理によって生じた余白に自衛隊が進駐したことを含めると、沖縄の復帰の瞬間に、憲法の掲げる平和主義はその内側に巨大な軍事拠点を含んだことになる。さらにまた、憲法がその理念の一つとする国民負担の公平性から言えば、沖縄という地域に基地負担が過重なかたちで偏在するという現実をも、憲法体制は制度として受け入れた。アメリカ統治下にあるかぎり問題とはならなかった事態が、沖縄の憲法体制への参加によっていわば国内化したのである。

そのような「矛盾」を固定化したままで、三十五年が過ぎた。そして今、巨大な軍事拠点の存在と国民負担の公平性という論点は、改憲・護憲・論憲という論議のなかに埋没している、との印象を受ける。憲法は、沖縄のおかれている現実をただちに改善せよと命じ続ける理念なのか、それとも、沖縄という現実を含んでなお柔軟に解釈され続ける国家規範であるのか。憲法の前文や九条が高らかにうたう平和主義は、沖縄のおかれた現実によって絶えず批評されている、との覚悟が必要である。

わが国が国民国家であり、その根幹的な成立根拠が日本国憲法であるとすれば、国家運営は憲法を絶対的な基盤として行われるべきであろう。主権者たる国民により選出されたところの代表者が政府を組織し、その彼らが国政や外交、安全保障などの基軸的な分野を運営する。自衛隊という実質的な国軍を持ち、アメリカとの同盟関係を保持し、そのために基地オキナワの役割を維持する必要があると考える多数意思は、そもそも憲法が規定する手続きによって機能している。自衛隊の存在を認めず、日米安保の廃棄を訴え、基地オキナワを根絶せよと主張することも、やはり憲法が保障している。

平和主義という理念は、憲法が認める手続きにおいて政治の現場で拡散し、多様な立場性に彩られるようになっている。そして、そのような問題の縮図が沖縄だという事態も、政治の現場では日常化してしまっている。

憲法は聖書やコーランのような神の言葉ではなく、あくまでも人智が創造した国家の根本である。例えば、九条がうたう平和主義は日本という国家の基本スタンスであるがゆえに、その保持や具体化をめぐって齟齬が生じる。国際情勢のダイナミズムや安全保障環境の側からの挑戦を絶えず受け続けるからであり、同時にまた、平和構築の考え方や手法をめぐって異なる国内意見が存在するからだ。

憲法が規定する国家像の何が問題なのか、それに代わるどのような国家像を描くべきなのか。試されているのは、沖縄県民を含む日本国民の人智の側である。

〈憲法と沖縄〉 一九四七年に施行された日本国憲法が沖縄で適用されたのは日本に復帰した七二年。アメリカ統治時代の二十七年間は、米国憲法も適用されず、人権などへの憲法による保障はなかった。復帰前に国政参加への要求や運動があり、七〇年には沖縄から衆議院議員が選出されたが、比屋根照夫琉球大名誉教授は「無権利状態から、憲法で保障された権利の獲得を目指し、参政権の獲得を通して憲法の理念に肉薄していこうという運動、要求でもあった」と語っている（『沖縄二〇世紀の光芒』）。

沖縄知事選

既視の風景に針の一刺し

仲里　効

第十回沖縄県知事選挙は、野党共闘で前参議院議員の糸数慶子候補、保守系で前県商工会議所連合会会長の仲井真弘多候補、そして琉球独立党党首の屋良朝助候補の三名によって争われた。結果は糸数三〇万九九八五、仲井真三四万七三〇三、屋良六二二〇票。事実上の一騎打ちとなった仲井真候補が糸数候補に約三万七〇〇〇票の差をつけて当選した。

今回の知事選での最大の争点は〈経済・雇用問題〉と〈基地問題〉であるといわれたが、世論調査での有権者の関心の比重は「経済・雇用問題」が「基地問題」を上回っていた。このことからすれば、政策の力点の置き所に、勝敗の分かれ目はあったといえないこともない。仲井真候補は「経済の振興なくして沖縄の自立なし」と〈経済振興〉に、糸数候補は「基地撤去なくして沖縄の自立（経済振興）なし」と〈基地撤去〉に力点を置いていた。屋良候補は「独立して基地全面撤去を！　独自経済こそ自立への道！」を訴えた。

興味ぶかいのは、三候補とも「沖縄の自立」をいっていることである。たしかに今回ほど「おきなわ力で大躍進」（仲井真候補）だとか「沖縄のことは沖縄で決める」（糸数候補）というように、政策アピールのキーに「自立」が担ぎ出されたことはない。もっとも同じ「自立」とはいえ、その内容をみれば違いは明らかではあったが。

今知事選で私が注目したのは二つあった。一つは、復帰後の沖縄の政治・経済の枠組みを決定づけた「沖縄振興開発」に基づく本土との〈格差是正・一体化路線〉の限界をどのように問い、それを越える政策を提示できるのかということ。二つ目は、「米軍再編」をどのように対立軸として位置づけ、可視化できるのかということであった。

だが、私が見たのは、復帰後九回の県知事選で反復された「沖縄振興開発」＝格差是正・一体化論のフレームの中で保革が争う既視の光景であった。系列化された政党や組織の運動のあり方がそうであったという以上に、両候補が「復帰＝国家統合」そのものを問い返していく文体を持ち得なかったことがより大きな理由であった。例えば、復帰後失業率が全国平均の二倍のワーストワンであり続けたことの原因を曖昧にしたまま、「失業率の全国平均化」が説得力を持ってしまうことがまかり通ってしまうことからも頷けるはずだ。

「米軍再編」問題はどうだったかといえば、普天間基地の危険性除去やキャンプシュワブ沿岸部への移設とV字型滑走路の賛否として問われた。だが、ここで問題にしたいのは、自衛隊の強化が問われなかったことである。「米軍再編」とは明らかに自衛隊の米軍との一体化であり、「日本防衛」なるものの南方重視へのシフトが付帯されていた。沖縄基地の「混成団」から「旅団」への格上げが防衛計画にプログラミングされていたことを思い出してもいい。すでにそれは嘉手納弾薬庫返還跡地への自衛隊実弾演習場建設、宮古通信基地の建設、そしてキャンプハンセン内での日米合同訓練からもみえてくるはずだ。

「米軍再編」とはグローバルな「日・米軍事再編」である、とはっきり可視化すべきであった。「基地問題」を最大の争点にした野党陣営がそのことを避けたところに問題の深刻さがあった。深く隠されたのは「日・米軍事再編」の〈日〉、すなわち自衛隊（軍）の存在であり、メディアも含めそうさせた〈言語化の政治〉も見逃せない。

復帰後反復された構図と既視の選挙風景に、一瞬の裂け目を入れたのは琉球独立党の介入であった。人々は「独立して基地全面撤去を！　独自経済こそ自立への道！」を掲げ、沖縄内での具体的活動の実績がなく、落下傘のように降りてきて、これまでの選挙力学を異化するような小集団をいぶかり、冷笑し、好奇の眼差しをむけた。とはいえ、心のどこかでかすかに風が立つのを覚えた人も少なくなかったはずである。

得票率はわずか一％、泡沫であった。だが、数字には表れなかった背後には自己決定権への重層化された意志の存在があった。「沖縄のことは沖縄が決める」と「独立」の間には、無告のマスの裏道があったことを忘れてはならない。今回の知事選を読む第二のキーワードは、この不可視の道への注目度といってもいい。一％が針の一刺しにならないと誰がいえようか。

「小国」経営への挑戦

高良　倉吉

私の立場をあらかじめ説明しておきたい。

八年前の沖縄県知事選挙のとき、当時の大田昌秀知事の県政運営に危機感を持っていた私は、保守勢力が擁立した稲嶺恵一氏を応援した。稲嶺候補の政策立案者の一人であり、その選挙に勝利し二期八年続いた県政のブレーンの役割も果たした。稲嶺知事が勇退することとなり、後継者の一人に取沙汰されたこともあったが、無論きっぱり断った。そのような道を目指すことは、私が自らに課した生き方では到底なかったからである。

そのかわり、今回の選挙で自民・公明勢力が擁立した仲井真弘多候補を支援した。具体的には、アメリカ軍普天間飛行場の移設問題に関する稲嶺県政のスタンスと仲井真氏の持論を調整し、仲井真氏が稲嶺後継として選挙戦を戦うことができるよう条件整備を行った。また、彼の政策立案者の一人でもあったから、明確に、私は仲井真派である。そのような立場性をなぜ発揮し続けたのか。

沖縄県知事という職責に関する私の基本認識は、保守か革新か、「現実主義者」か「反戦平和主義者」か、女性か男性か、といった図式で考えるべきではないという点に尽きる。困難な課題を数多く抱える沖縄という地域をどのように経営するか、そのための意思と能力、手法が問われる。

したがって、巷間に流布するイデオロギー性や「思想」性の観点から知事のあり方を論ずる時代はすでに過去のものになったのだと思っており、現実に対する強い当事者意識を持つ者のみがその職を担うことができると考えている。大田昌秀か稲嶺恵一か、仲井真弘多か糸数慶子かを選択する場合、私はその人が沖縄を経営できる人材かどうかという点で判断し、行動してきた。

沖縄県知事という地位は誰が就任しても、いかなる勢力が獲ったにしても、容易ならざる職責である。批評や解釈を唱えるだけの側には計り知れないほどの、困難な問題がその職に付帯する。特に基地問題については、わが国の思想闘争やイデオロギー論争が参入するばかりでなく、沖縄の地域アイデンティティ問題や経済問題などの争点が絡みついてくる。何が正義であり、対処すべき現実とは何なのか、そのことを一貫した姿勢で見極めることさえ容易でない場合が多い。

今回の選挙結果を見て、投票率が約六五％だったことにまずは安堵した。有権者がそれなりの関心を持って投票所に行き、それぞれの意思を表明してくれたと感じ、しらけムードにまだ陥っていないことに感謝の念すら覚えた。大方の予想より票差は開いたが、基地問題に揺れる沖縄の苦悶が刻まれていることにかわりはない。

中央政府を交渉相手に、普天間飛行場の移設問題をどのように解決できるか、新知事の手腕がたちどころに問われることとなる。また、それに連動する問題であるところの基地の整理・縮小をどのように実現し、返還されるはずの広大な跡地をどう活かすべきか。地域経済の足腰を鍛え、その規模を拡大しながら雇用機会をいかに増大できるか、どれをとっても難問だらけである。医療・福祉や教育、自然保護などの分野においても課題が山積している。それらすべての課題と格闘し、着実な成果を挙げるためには的確な状況判断と決断力、それに戦略性で武装された経営センスが求められる。

当選した仲井真氏は、六百年ほど前に中国福建省から琉球に移住し、王国の外交や貿易を支えた人材集団（久米村人）の末裔に当たる。大臣として琉球王国の国政を担当した蔡温《さいおん》（一六八二〜一七六二）もまたその血筋に属する人だが、その彼が中国・日本という両大国のはざまに生きる小国経営の苦労について多くの著作で述べている。私の好きな言葉に、「琉球経営の要諦は、手段を間違えないことだ。何から着手し、その次に何を成すか、手段を取り違えてはならない」という表現がある。

「手段」を重視する経営能力が今のこの時代においてもなお不可欠であることを思い知るが、しかし、進むべき道のほうも同じく険しいのであろう。新しい知事の、「小国」の挑戦が始まるのである。

〈沖縄知事選〉 三氏が立候補し、〇六年十一月十九日に投開票された。与党が推薦した前沖縄電力会長、仲井真弘多氏と、野党統一候補の前参院議員、糸数慶子氏の事実上の一騎打ちだった。仲井真氏は、政府の米海兵隊普天間飛行場移設案には修正を前提に柔軟に対応する姿勢を示し、経済振興に重点を置いて観光振興や企業誘致などによる雇用創出を訴えた。糸数氏は普天間移設に関して「即時撤去・海外移転」を唱え、政府との対決姿勢を前面に出したが、四万票近い差で敗れた。投票率は六四・五四％で、過去最低だった前回（五七・二二％）を上回った。

テロリズム

集積する怒りのマグマ

仲里　効

沖縄県知事選挙の後、その結果に対しての分析や論評が沖縄のメディアを賑わせた。なかでも興味深かったのは、小説家の目取真俊が担当する時評で、沖縄の「マグマ」について触れていたことである。敗れた「革新」陣営の候補者選考過程で党利党略を優先する政党間のかけひきの醜さが演じられたこと、保革を越えた反基地感情が潜在すること、そして選挙を制した仲井真弘多新知事には、稲嶺知事もたびたび口にしていた、足元の「マグマ」を自覚すべきであることを指摘していた（「地を読む　時を見る」沖縄タイムス〇六年十二月一日朝刊）。

注目したいのは、この「マグマ」を「沖縄戦の体験」と「軍事基地のもたらす事件や事故」と関係づけ、「高圧的＝強権的な日本政府と基地問題に無関心な日本人、県内での影響を広げる『本土』企業、それらへの反発が反ヤマトゥ感情と融合するとき、稲嶺知事が口にしてきた『マグマ』は新たな質を持って圧力を強めていく可能性もあるのだ」としめくくっていたことである。「マグマ」とは、「基地問題への怒りや苛立ち、不満は絶えずこの島に潜在している」というときの、潜在する怒りや苛立ちが不発弾のように集積している状態のことであり、それはアメリカだけに向けられているだけではなく、日本政府・日本人へ向かう質と方位の可能性を示唆したことである。

その「マグマ」のひとつの極を体現したアシバー（無頼と暴力の徒）の原像を、沖縄戦に見たのが『仁義なき戦い』などで知られる脚本家の笠原和夫であった。映画のシナリオハンティングで沖縄の南部の激戦地跡を訪ねたとき、そこここに点在している無人の囲いが一家全滅の屋敷跡だと知らされた瞬間、広野を吹きわたる風が唸りを立てて肌を刺してくるような戦慄を覚えたことをのちに告白していた。そして「沖縄に暴力があるとしたら、まさしく戦争が生んだ荒廃以外のなにものでもなく、そのエネルギーの根源は『沖縄ナショナリズム』（＝沖縄独立）にある」といっていた。そこからアシバーたちの暴力の位相と、沖縄進出をうかがう本土暴力団とのすさまじい抗争の事実を下敷きにして書き上げた「沖縄進撃作戦」が生まれた。

目取真俊は掌編『希望』で「最低の方法だけが有効なのだ」という倒錯した認識を尖鋭化させ、アメリカ人少女を殺害し、自らもガソリンをかぶり焼身自殺する若者の出口のない怒りと焦燥によって、何も変わらない沖縄の現実の裂け目を描出してみせた。「不安に怯え続けた小さな生物の体液が毒に変わる」、その「毒」のメタモルフォーゼを仮に〈テロル〉というならば、青年の〈テロル〉は能動化されたニヒリズムの発現だという以外ない。

最新作の『虹の鳥』では、『希望』のテロルをより細密に、より徹底して描き上げ、少年や少女の身体に内攻する暴力の、まがまがしくも哀しいまでの様相に踏み込んでいた。この二つの作品が注目すべきなのは、〈戦後ゼロ年〉の例外状態を生かされつづける沖縄の重層化する暴力を幻視してみせたことである。

沖縄の戦後史には、アメリカ軍車両を次々と焼き払い、怒りを爆発させ、ペンタゴンと永田町を震え上がらせた七〇年十二月の「コザ暴動」、その暴動の激しい渦の中にいたということで逮捕・起訴された若者が、復帰直後の七三年五月、愛用のバイクで国会議事堂の正門鉄扉に猛スピードで突っ込み激突死した事件、そして沖縄併合を華々しく演出する沖縄国際海洋博のために来沖し、ひめゆりの塔を訪れた皇太子夫妻に、立てこもった壕の中から火炎瓶を投げつけた七五年七月の事件が忘却を拒むように印されている。それらの「事件史」は、『希望』の青年や『虹の鳥』の少年・少女たち、そして沖縄戦の荒廃を出自に持ったアシバーたちを駆り立てたエネルギーと決して無縁ではないはずだ。

沖縄に固有な〈テロル〉や〈原理主義〉があるとするならば、沖縄戦と米軍占領、日本復帰と変わらない「例外状態」のなかで「不安に怯え続けた小さな生物の体液が毒に変わる」、変身への希望なき希望の回廊だといえよう。

「惰弱」こそを武器に

高良　倉吉

沖縄の歴史を勉強して感ずる点の一つは、「外部勢力」による抑圧に対抗する手段として、「われわれ」の側がテロリズムを用いた例が皆無だということである。琉球・沖縄という土地の自立性を奪い、わが人民を呻吟させせていると目される「敵」に対し、政治上の持続的な意思として殺戮を手段化していない。

例えば、薩摩藩の従属下におかれていた二百七十年間、薩摩側の管理拠点であった御仮屋《おかりや》（那覇に所在）詰めの役人たちを襲うテロは一つも起こっていない。王国体制が否定され、この土地に沖縄県を置いて始まる近代七十年の時代においても、この体制の転覆を図るためのテロは起こらなかった。沖縄戦後、二十七年に及んだアメリカ統治下においても、米人車両七十三台を炎上させたコザ騒動のような事件は起こったものの、支配者たるアメリカ人に対するテロ攻撃は発生していない。日本復帰から今に至るまでの三十五年間、参拝のためにひめゆりの塔を訪れた皇太子夫妻の目前に火炎ビンを投げた事件は起こっているが、沖縄の「日本統合」を糾弾するテロが日常化することはなかった。

要するに、琉球・沖縄を規定する「外部勢力」による「抑圧体制」を暴露し、糾弾するための暴力手段として、テロ行為を組織的に発動することはなかったのである。

テロに訴えざるをえないほどの、深刻な「抑圧体制」ではなかったということなのか。それとも、テロを行使しうるだけの捨て身の覚悟が備わっていないせいなのか。あるいは、テロ行為とは位相を異にする別の手段、例えば「思想」の言語化を通じてのラディカリズムを習性とするためだったのか。

「敵」の見定めが、じつは困難なのではないだろうか。近世琉球の御仮屋に勤務した薩摩役人はたかだか二十名程度であり、植民地総督府のような権力を帯びていたのではなかった。那覇詰めの薩摩役人たちと仕事をしながら、琉球の側では芸能や音楽などを磨き上げ、今日に継承される伝統文化を創造していたのである。王国無き後の近代には、県知事などの要職はたしかにヤマト(沖縄以外の日本)の者たちが占めていたが、この土地の生活や文化の担い手は依然として「ウチナーンチュ(沖縄人)」であった。

戦後のアメリカ統治下においても、英語を話せる従順な住民は稀であり、統治の不当性を批判し行動する者のほうが大半であった。日本復帰後も、「ウチナーンチュ」であると同時に日本人でもあるという二つのアイデンティティが、多少の葛藤を含みながらも並存できる状況が大勢を占めている。

果たして、「われわれ」の存在を決定的に押しつぶそうとするほどの「敵」がいたのだろうか。いたとしたら、その「敵」はどのような勢力だったのだろうか。なぜ、その「敵」に対するテロ行為は起こらなかったのだろうか。そして、そのような「敵」がいながら、今の今に至るまで、押しつぶされることなく、依然としてこの土地の担い手である「われわれ」はなぜ存続しえているのか。

一九三四年（昭和九年）二月、沖縄連隊区司令官の石井虎雄大佐が陸軍省と参謀本部に提出した意見書、「沖縄防備対策」はまことに示唆的である。太平洋と東シナ海を結ぶ軍略上の枢要な位置にありながら、当の沖縄住民の郷土防衛意識の薄弱ぶりを大いに嘆いてみせている。そのうえで、原因を彼らの風俗や習慣を背景とする「惰弱」な性格にある、と石井大佐は断じざるをえなかったのである。

大佐の言う防衛意識の薄弱ぶりや「惰弱」な性格がもし「われわれ」の属性だとすれば、戦士としてのテロリストは生まれないのであろう。しかし、大事な点は、大佐の悲憤慷慨には同情するが、「惰弱」ゆえの防衛意識の薄弱ぶりこそ「われわれ」の側の心底の武器だったことだろう。「敵」に対し鋭角的な対立を得意とするのではなく、また、暴力の行使を至上化するのでもなく、ただひたすらにテロには傾斜しない「惰弱」な抗議行動に終始してきたからだ。

沖縄の意思のテロへの傾斜は、小説や評論などの言説空間止まりで良いのだと思う。

〈コザ暴動とひめゆりの塔事件〉　コザ暴動は一九七〇年十二月二十日、コザ市（現沖縄市）で米人の起こした交通事故をきっかけに民衆の怒りが爆発、米軍の車両などを次々にひっくり返したり、それに火をつけたりした。約九十人が負傷し、二十一人が逮捕された。ひめゆりの塔事件は、七五年七月十七日、沖縄国際海洋博覧会開会式に出席するため沖縄を訪問した皇太子（今上天皇）夫妻がひめゆりの塔を参拝した際、目前の壕の中に潜んでいた訪沖反対の過激派二人に火炎瓶を投げつけられた。夫妻は無事だった。

沖縄と奄美

隔てられて繋がる琉球弧

仲里　効

まだ沖縄が「日本」ではなく「アメリカ」だった頃、「出船入船・港便り」というラジオ番組があった。出入港する定期航路の船名と日時を案内するもので、飛行機を利用することが今ほど一般的ではなく、移動手段を船に頼らざるを得なかった時代、多くの離島を抱える沖縄の人々にとっては欠かせない情報源であった。ヤマトや周辺離島、そして台湾航路の出船・入船（ときにはアメリカや東南アジアも入っていた）を、女性が歌うようにアナウンスしていた。

ほぼ毎日のようにラジオから流れてくるその「港便り」が妙に印象に残っているのは、長く韻を含んだ女性の声の響きにも関係していたが、閉ざされた島の中で〈外〉なる世界へ思いを寄せる窓の役目を果たしていたからだと、今、振り返ってみて思う。

那覇港と泊港を起点にして、縦横に広がる海の道。離島便が発着する平良、石垣などや本土航路の鹿児島、博多、神戸、大阪、晴海など、そして基隆や高雄などの港の名は、また夢を運ぶ器のようにも思えた。

その声は例えばこんなふうにささやきかけてきた。「ヒリュウ、〇〇日、午後（午前）××時、ヒララ、イシガキ経由、キールンへ」とか「オトヒメ丸、〇〇日、午後××時、ヨロン、ワドマリ、カメトク、ナゼ経由、コウベ港へ」という具合にである。長く韻を引いた声の響きは、少年を〈未知〉なる世界へと甘美に誘った。

「奄美」という言葉を聞くとそんな遠い日のラジオから流れてきた「港便り」を思い出す。歌うような女性の声の記憶とともに〈外〉なるものへの憧憬が、まるでイコンのように消しがたく残っているということでもある。と同時にその名からは、沖縄とヤマト、ヤマトと沖縄を中継する〈間〉を生きているイメージが浮かび上がってくるのであった。

実際、私にとって長い間奄美の島々は、沖縄とヤマトを船で往来するときのわずかの時間の寄港地ではあっても下船する場所ではなかった。後に何度か訪ねるようになり、決してひとくくりにはできない歴史と個性を持っていることを知ることになった。そして島々の内部には、沖縄の島々にも感じられる、ある生存の形のようなものを風景の内奥に宿していることに気づかされた。

それをここでは「内に閉ざされながらも、同時に外に向かって徹底して開かれている」環境と言い換えてみたい。海を抱きながら、島に生きて生活していることとは、そうした一見、矛盾ともとれる内と外の独特な位相を生かされるということなのだ、と思う。そうした陰影は、島尾敏雄の「南島エッセイ」を持つことによっていっそう際立たされた。

琉球弧の「吸引的魅力」とか「韻律」という言葉に込めて語られた奄美と沖縄の共振性と差異。奄美の島々と沖縄の島々は〈琉球弧〉として、隔てられながらもつながっているのだと思う。そのことを説明するのに、かつて琉球王国圏に所属していたとはいえ、力の不等高線があったこと、戦後同じ群島政府のひとつの構成体であったが、いち早く日本に復帰、奄美は鹿児島県に属し、一方沖縄はその後もアメリカの占領下に置かれ、独立した行政単位にあったことなど、制度的・歴史的な理由が挙げられないわけではない。

だがそんなことよりも、核心にあるのは、「内に閉ざされながらも、同時に外に向かって徹底して開かれている」、つまり、海を避けられない生存の条件としてもっている存在論的審級に関係しているはずだ。

隔てられながらも結びあい、内に閉ざされながらも同時に開かれている、沖縄と奄美。「琉球弧」としてこの島々がもつ文体を、行政的な仕切りから解き放ち、群島的な共和体に組み替えていく誘惑に駆られる。そう思うのは、たぶん、閉ざされた孤島としての南大東島で遠い少年の日に聞いた、ラジオの向こうの海の道が原光景としてあったからにちがいない。

県境を跨ぐ論理の欠落

高良　倉吉

沖縄島北端の辺戸《へど》岬に立つと、水平線上に与論の島影がくっきり見える。眼前の海域には北緯二十七度線が東西に走っているが、その北は鹿児島県、こちら側は沖縄県である。かつてアメリカ統治下の基地オキナワと日本を峻別した区画であり、それあるがゆえに「日本民族」は分断され、「民族の独立」が阻害されている、と声高に叫ばれた時代があった。

　与論島の海岸から沖縄島を見ると、与論よりいくぶんは大きい島にしか見えない。その右手に沖縄県に属する伊平屋《いへや》島や伊是名《いぜな》島が見えるが、二十七度線や県境が存在することを疑いたくなるような海域の風景である。与論を北上すると、沖永良部島・徳之島・請《うけ》島・与路《よろ》島・加計呂麻《かけろま》島・大島・喜界島と続く奄美の有人島が展開する。徳之島の西約六五キロの位置にある硫黄鳥島のみはなぜか沖縄県である。今は無人島だが、一九五九年までは人が住んでいた。地理的には奄美諸島に属するはずのその島が、なぜ沖縄県なのか。

一六〇九年春、琉球王国は薩摩の軍事侵攻に敗れた。その代償として、王国の範囲から与論以北の奄美の島々を割譲して薩摩に提供したのだが、硫黄鳥島のみは例外であった。その島に産する硫黄は、王国の対中国貿易（朝貢貿易）に不可欠な品だったからである。四百年前のその事情が固定化されているために、沖縄県と鹿児島県の県境は奇妙な線を描くのだ。奄美の北には宝島から口之島に至るトカラ列島が展開しており、口之島の北は種子・屋久、その先は九州島である。

三年前の十一月、口之島の北端、せり岬に立ったことがある。終戦後しばらくのあいだ、この岬は来訪者に「じゃば岬」と呼ばれた。ジャパン（日本）の訛《なま》ったものだという。日本が戦争に敗れた結果、この岬から南、台湾島を遠望できる与那国島までのすべての島嶼がアメリカ軍の統治下に置かれた。アメリカ統治の「南西諸島」の南端与那国《よなぐに》島は台湾やホンコン、中国沿海地区を相手とする密貿易の拠点となり、北端口之島は日本相手の密貿易者のたまり場になったのである。

束の間の変則的な政治事情だったとはいえ、琉球弧の島々が海域世界本来の連なりを復原した時間だったともいえる。

一九五二年二月にトカラが、翌年十二月には奄美が日本に復帰する。この二つの地域の返還は、アメリカによる沖縄の排他独占的な支配と引き換えだった。トカラと奄美でも祖国復帰運動が行われているが、誤解を恐れずに言えば、奄美よりはトカラが日本であり、沖縄よりは奄美が日本であるという意識が復帰運動の根底に存した。つまり、トカラも奄美も「琉球・沖縄」ではなく、ヤマト（沖縄以外の日本）に内包されていてしかるべき島や海域だ、との「原理意識」が作動していたと思う。

近年、奄美において、「奄美学」や「奄美史」という知的スタンスを構築しようとの動きが台頭している。日本の古代国家の側で「南島」の一部と名指しされ、中世においては首里城の王によって「奥渡《おくと》より上《かみ》」と称され、近世では薩摩が「道之島」と呼んだ奄美の島々を、一つのまとまりのある地域や海域としてどのように内面化できるか、興味深いテーマである。

黒糖焼酎を飲みながら奄美で歓談していると、「奄美は行政的には鹿児島の一部だが、文化的には沖縄と深く係わる。しかし、究極的にはそのどちらか一方に属するのではなく、奄美はまず奄美だ」という声をよく耳にした。むろん、説得力を持つ視座だと受け止めた。

ひるがえって沖縄の側から奄美を考えると、文化的な共通性や親近感を強調していながら、将来に向けての地域づくり戦略において奄美が欠落している。県境を跨ぐ論理が欠乏しているのである。当然のことながら、一時期とはいえ、戦後の初期状況を共有したはずのトカラ列島（鹿児島県十島村）の存在など全く眼中にない。それでいながら、「アジアの中の沖縄」について、私を含め、熱っぽく語っている始末なのである。

〈**奄美**〉 中世に琉球王国の支配下に入った。島津軍が琉球に侵攻した一六〇九年以降は薩摩藩の直轄地となり、明治以降は鹿児島県に属した。戦後、沖縄とともに日本から行政分離され、米軍政下に置かれた。一九五一年に奄美大島日本復帰協議会が結成され、奄美独自の復帰運動を展開し、五三年十二月二十五日に日本へ復帰した。当時の沖縄には数万人の奄美出身者が住んでいたが、復帰と同時に「外国人」となり、琉球政府の公職から追放され、参政権を奪われた。池畑嶺里琉球銀行総裁も解任された。

沖縄という地域

反「国家」が群島の未来を拓く

仲里　効

昔々、といっても一九六〇年代後半から七〇年代初めにかけて、沖縄が熱いまなざしを注がれていた頃、ヤマトにいた沖縄からの「留学生」たちが陥った感情の穴があった。アジア地図を広げ、政治の季節の真中で立ち騒ぐ〈わが沖縄〉を、儀式のように確かめなおそうとするのだが、いまにもブルーの平面に溺れかけてしまいそうな点を目にし、その小ささに呆然としてしまう、という経験である。

アジア地図の上の沖縄がどの程度のものか、頭の中ではじゅうぶん過ぎるほど分かってはいても、地図の上でその儚く点在する島々を改めてみた時のあてどのなさは、なかなかに消しがたい澱みのように残っているものなのである。地図の上の吐息のような存在と過熱する政治的表象としての沖縄の、あまりにも大きかった落差。これでは抗米や抗日のゲリラ戦を組織しようにも、隠れる場所なんてないじゃないか、と半分冗談交じりの自問自答に妙に納得したりもした。たわいのないことではあった。

こうした感情の穴から抜け出たのは、空間的なものと思われたものが実は時間的なものにもなり得る、という歴史認識の方法との出逢いによってであった。例えば南島の歴史時間をさかのぼることによって天皇制を根底から相対化することや、沖縄という地勢が近代日本が帝国としてアジア太平洋に膨張していく最初の踊り場となったこと、また、戦後日本国家の枠組みを決定した日米安保体制の要としての沖縄は、地図上の吹けば飛ぶような存在にもかかわらず、世界史的現在の尖端を解く鍵にもなり得るということである。そんなとき、日本と台湾の間に弓なりに点在する島々の群れは、まったく違った見え方をしてきた。

沖縄という場所性を強く意識するのは、当たり前と思っていた概念が根本から問われる時である。それはまた沖縄を「再定義」する試みの時でもあった。例えば日本の変わり目には決まって南の方からシグナルが送られてくるとした島尾敏雄は、単一的な陸の概念を海と島々とのつながりで多系列に開いた「ヤポネシア」を発見したし、村上一郎はひかえめながら「海南道」の思想をとなえ、森崎和江は沖縄・朝鮮に天皇制とは異なる「異族の原基」を見た。

また、日本復帰を内側から苛烈に批判した新川明は「反国家の兇区」として沖縄を位置づけ、川満信一は「琉球共和社会（国）憲法」によって沖縄の可能性を拓いた。それらの沖縄像／構想には、単一民族神話に囲われた領土的思考や主権概念を越えていく、命名のポリティックスがあったことを見逃すわけにはいかない。

そうした沖縄像とは異なる立ち位置から沖縄を「再定義」したのが「沖縄イニシアティブ」であった。「沖縄のアメリカ軍基地の存在意義」を認め「安全保障の面で沖縄はわが国のなかで最も貢献度の高い地域として存在する」ところから「『新しい日本』に帰属しつつ自己責任を果たす覚悟を持つ」ことを説いていた。

「アジアとの交流」や「ソフトパワーの発揮」や「普遍的な言力」などの意匠をちりばめているとはいえ、「沖縄イニシアティブ」の国家主義的本質は、「改正教育基本法」や防衛庁の「省」への改編、日本防衛の「南方重視」への編成替え、そして「日米軍事再編」によってよりはっきりしてきた。「改正教育基本法」の「愛国心条項」といわれる二条の「わが国の歴史と伝統を尊重する」文脈と「沖縄イニシアティブ」でいわれた〈新しい日本〉は、シンメトリックな関係をなしていることを改めて知らされる。いや、それよりもむしろ〈新しい日本〉は、「愛国心条項」を沖縄において代理表象する役目を担っている、というべきだ。私には、そこに沖縄の居場所があるとは到底思えない。

島々の連なりからなる群島的想像力が〈方法としてのアジア〉を獲得するのは、アジア・太平洋を横断する日米の軍事力を問わない「沖縄イニシアティブ」の内部ではないだろう。沖縄が沖縄でありつづけるのは、天皇制とその国家への抗いにおいてである、とみたい。

「非武」の思い込みから脱却を

高良　倉吉

歴史を引用しつつ、思い込みとしか言いようのない価値観を声高に主張する沖縄の言説が私は嫌いだった。その状況に対する反発心が私の歴史研究の起点であり、歴史像の刷新を目指して馬車馬のように活動してきた。一九九〇年代中頃までは、新しい琉球史像をある程度は普及できたかもしれないとの密かな自負があった。しかし、それ以降の十余年は、じつは何も変わっていないのではないかと思いたくなるほどの数多《あまた》の現実に直面し、心底にむなしい気分が漂うようになった。

例えば、沖縄は歴史的に非武の思想を持ち、戦争や軍隊を是としない平和への思い、すなわち「命《ぬち》どぅ宝（命こそ何ものにも勝る大切な宝）」という信条を具有してきた、との言い方が常態化している。その思い込みは沖縄戦体験や基地オキナワの現実を語る際に常用され、戦争も、軍事基地も、軍隊もない真に平和な時代を希求するこの島の住民の根本信条だ、と説明されている。

このような主張は、それを唱える者の安全保障観の表明であるか、あるいは絶対的平和主義のキャッチフレーズを沖縄方言に載せて言ったまでのことだ、というのであれば了解できる。しかしながら、「命どぅ宝」は歴史的な事実に根ざす遺訓であり、その価値を体現するのがわれわれの主張であるという文脈に転回したとき、それは思い込みにすぎないと言わざるをえなくなる。

五百年前に、当時の琉球国王であった尚真《しょうしん》が非武の体制を構築し、それ以降は琉球の国是として踏襲された、という「事実」がよく引用される。しかし、新しい琉球史研究において、それは完全な錯誤であり、事実は全く逆で、尚真は王国の軍備増強ぶりを誇っていたことが明らかになっている。「非武の王国」像は、王国が軍隊を持ち、八重山や奄美の反乱を鎮圧する目的で軍事行動を展開した事実によってすでに裏切られているのである。また、二百年ほど前に王国を訪問したイギリス海軍の軍人バジル・ホールが、琉球には武器も軍隊もないと驚いたというエピソードは、その当時の琉球は薩摩の管理下に置かれており、薩摩による琉球非武装化政策のしからしむるところであったにすぎない。この二つの「事実」を引用して非武の歴史を語り、「命どぅ宝」という信条につなげようとする発想は、歴史実態から大いに遊離している。

根拠のない安易な言説に立つのではなく、今という時代に向き合う安全保障観を鍛えながら、自らの言葉を推敲すべきだと思う。戦争も、軍事基地も、軍隊もない時代を構築するためには、どのような国際関係や安全保障体制、相互依存関係を創造すべきなのか。そのために、沖縄という地域がすでに経験し、あるいは現に経験しつつある現実に依拠したうえで、どのようなメッセージを編み上げるべきなのか。論点はそこにあり、今という現実を測る価値基準として「命どぅ宝」という言葉をわれわれは歴史から手渡されている、などという幻想を抱くべきではない。「命どぅ宝」に込めたい信条は、おそらく世界の多くの人々に支持されるにちがいない。戦争や紛争、テロによる犠牲に限らず、貧困や自然災害、事件、事故、病気などによって膨大な数の生命が今なお失われつつあり、生命尊重を第一義とすべきだとの思いは多くの人々の共感を得るであろう。そのような思いを沖縄方言に載せて、「命どぅ宝」と言うならば、その意思は各国語にただちに翻訳できる。

しかし、繰り返し強調したいのだが、方言としての独自の言い回しがあるからといって、その信条は即沖縄独自のものであり、この独自的価値は歴史により証明されているなどとする態度からは早々に脱却すべきだ。

日本という国家が目標を失っている今、沖縄こそは将来の光になるべきだとの期待が仮にあるとしても、当の沖縄に光発信装置があらかじめ備わっている訳ではない。沖縄もまた迷走し、先行きの見えない閉塞感に陥っているからではない。光を放つ装置はすでに存在しているものではなく、沖縄もまた現在と向き合いつつ製作するしか手がないからだ。過去にも、他所にも光はなく、目前の現実から見つけるしかない。

〈沖縄県の概況〉 沖縄本島、宮古島、石垣島をはじめ約百六十の島々からなる。そのうち有人島は約五十島。面積は約二二七〇平方キロで全都道府県で四番目に小さいが、これらの島が東西約一〇〇〇キロ、南北約四〇〇キロの広大な海に散らばって、沖縄、八重山、宮古諸島などを構成する。中世には、鹿児島県の奄美諸島も琉球王国の支配下にあった。人口は約百三十六万人で、沖縄本島が約九割を占める。

ヤマトゥンチュ

1／47でなく1：46

仲里　効

沖縄の「日本復帰」を小学生のときに経験した世代から、例えばこんなエピソードを聞かされることがある。復帰の日に行われた「特設授業」で、担任の先生から今日は長い間の悲願が叶えられ、沖縄が本土に帰る日です、と特別な思いを込めて言われ、「沖縄が海を移動して鹿児島にくっつくことだ」とか、「今日から自分たちもヤマトゥンチューになるんだ」とかと思った、と。

いまからみれば笑って済ませられる話ではあるが、特別な日の特別な話として聞かされた言葉から、せいいっぱいの想像力で描いた「日本」と「復帰」のイメージは、むろん笑って済ませられるだけの話ではない。「ニッポンフッキ」という言葉の響きは、沖縄の子供たちの心に魔法のように働きかけたが、そのことによって誘発された空想の質は、沖縄の歴史の痛点に触れてもいた、といえよう。

「日本復帰運動」の中心的な担い手であった沖縄の先生たちが、最も力をいれて実践したことの一つに「日本人教育」があった。作文集『沖縄の子ら』にはその生々しい痕跡がちりばめられている。沖縄北部の小学校三年生の男の子はこんなことを書いていた。

「ぼくたちは、学校で『どこの国の人』と、いうことについて、お話し合いを、しました。先生が、『わたしたちは、どこの国の人でしょう』と、きいたので、みんなは『日本人です』と、いいました。（中略）ぼくは、家へかえってから、おじいさんに、『おじいさんは、どこの国の人ですか』と、いいました。おじいさんは、『みんなヤマトんちゅうだよ』と、いいました。ぼくはふしぎに思って、『ヤマトんちゅうって、何よ』と、ききかえしました。おじいさんは、『日本はね、ヤマトというんだよ』といいました」

この作文からは、復帰前の沖縄の学校でどのような教育がなされていたのかを知ることができるが、すくなくとも二つのことが見えてくるはずである。すなわち、教師たちにとって「日本人意識」は教え込まなければならないこととして認識されていたこと、そのことによって子供たちの心に日本（人）が憧れの対象になった、ということである。

小学校二年生の女の子の作文には、その憧れの矢印がはっきりと書き込まれていた。「しんせきの、きよしおじさんは、いま、日本で、はたらいています。きよしおじさんは、日本人になれていいなあと思います。わたしは、大きくなったら、日本にいって、かんごふさんになりたい。はやく、みんな、日本人になりたいと思います」というように。

先の男の子といい、この女の子といい、二つの作文には「植民地」の心理地図としかいいようがない心の機微が印されている。小学生の孫の問いに「みんなヤマトんちゅうだよ」と応える祖父の返事は明らかにアクロバットな言葉返しといえるが、「日本はね、ヤマトというんだよ」というもう一つの応えによって、逆説的に「沖縄（ウチナー）」の存在の強度に気づかされる。この祖父のアクロバットを理解するとしたら、以前にも触れた、西銘順治元沖縄県知事が「沖縄の心は？」と問われ「ヤマトゥンチューになりたくてもなれない心」と応えた心的アポリアを思い返してもいいだろう。

沖縄の人たちの多くは、沖縄以外の地域をヤマト（本土、あるいは内地という場合もある）といい、人が対象の場合はヤマトゥ、もしくはヤマトゥンチューという。こうした自他認識は、地理的な理由というよりもむしろ、沖縄と日本の関係史の屈曲から生まれたといえよう。日本の版図に組み込まれたとはいえ、完全に内部化されたわけではない。そこでの関係意識は、日本の中の〈47分の1〉の分子としてではなく、〈46対1〉として分節化され、差異化されている。こうした関係意識にはアジア的抵抗へつながる闘争／逃走線が埋め込まれてもいるはずだ。

むろん〈1〉なる「沖縄」といえども、その内部にいろんな差異を抱えていることは否定しようもないが、コロニアルな心的地図に目を瞑《つぶ》り、同一平面で語りたがる「理知」の政治こそ問われなければならない。『沖縄の子ら』の作文は、そんなことを教えてくれる。

多様な内実がやがて呼称を変える

高良　倉吉

ヤマトゥンチュという言い方は、そう呼ばれる人には不快な場合もあると思うが、ウチナーンチュ（沖縄人）がその立場性を立ち上げる際に用いる「他者」概念である。

私の理解が間違っていなければ、ヤマトゥンチュ／ウチナーンチュという言い方が多用されるようになったのは日本復帰（一九七二年）以降のことであり、その用法を駆使してきたのはもっぱらウチナーンチュのほうであった。ヤマトゥンチュと名指しされた「他者」は、受け身的にこの言葉を聞かされ続けたわけだ。ヤマトゥンチュは明らかに、ウチナーンチュの側のアイデンティティに係わる呼称として存在する。

その状況の背後には歴史的経緯が横たわる。一八七九年（明治十二年）に琉球王国が廃止されるまでの五百年間、琉球にとってヤマト（日本、大和）は異国・異域であった。それぞれの土地に琉球人とヤマトゥンチュ（日本人、大和人）がおり、両者は制度や心理の面で一体的な関係を築くことはなかった。沖縄県設置以降、ヤマトをナイチ（内地）、その居住者や出身者をナイチャー（内地人）と呼ぶ言い方が生まれるようになるが、沖縄住民が自らを外地・外地人と名乗ることはなかった。

アメリカ統治が始まる戦後の一時期において、ヤマトゥンチュのことをジャパニーと称したこともあったようだが、日本復帰運動が盛り上がりを見せるようになると、復帰すべき同胞の住む土地という感情を込めて、ヤマトやナイチは「本土」と呼ばれるようになる。そして今の沖縄では、行政やマスコミはもとより、県民の日常生活においても「本土」や「本土の人」という呼び方が一般化している。

そのような時代になったにもかかわらず、何故にヤマトゥンチュ／ウチナーンチュという呼び方が今なお存在し続けるのだろうか。

国民国家としての日本の枠組みに沖縄もまた帰属することを基盤としたうえで、しかし、「われわれ」には国民＝日本人というアイデンティティに埋没できないもう一つのアイデンティティがある、との意識が働く。「われわれ」＝ウチナーンチュと「われわれ」ではない「彼ら」＝ヤマトゥンチュを区別することによって初めて、「われわれ」という意識上の共同体は立ち上がる。つまり、国民＝日本人の中には、少数派である「われわれ」＝ウチナーンチュとそうではない多数派の「彼ら」＝ヤマトゥンチュがおり、両者は背負ってきた歴史が違う、と意識化されるのである。

そのような差意識を担保してものを言いたくなるときに、ニュートラルな呼称である「本土」

や「本土の人」ではなく、ヤマトやヤマトゥンチュという言い方が多く用いられるようになるのである。

このような意識は歴史や文化の内実に合致しており、あるいはまたアメリカ軍基地を過重に押し付けている「差別」構造を糾弾する際の政治的語りの根拠にもなる。さらには、市場化の波に流されるのではなく、自分の足場に立ちながら何がしかの文化を表現したいと思う者の矜持にもなりうる。

したがって、「彼ら」のことをヤマトゥンチュと呼び、「われわれ」をウチナーンチュと名乗る者たちの「思想」は決して一枚のガラスではなく、プリズムのように光を様々に分散する。ヤマトゥンチュは沖縄＝「植民地」支配者だと規定する者から、ヤマトゥンチュを含むすべてのファンのために、ポップ感覚で沖縄を表現しようとする者に至るまで、じつに幅広い。ようするに、ヤマトゥンチュという呼称はそれを運用するウチナーンチュの側の思想や信条に応じてそれぞれの意味を付与されるのであり、その際のニュアンスを決めるのはウチナーンチュの側だという構図が横たわっているのである。

実態調査資料を持つわけではないが、若い世代のあいだではナイチやナイチャーという言い方のほうが良く使われる。同時にまた、中高年層に比べると自己／他者意識がかなりゆるやかになっており、ヤマトゥンチュもしくはウチナーンチュという二項選択型の概念には分類できない新しいアイデンティティも台頭している。内実はやがて呼称を変えるはずだ、との思いを深くする。

〈ヤマト〉　一五三二～一六二三年に古琉球の歌謡を編集した「おもろそうし」の中に「やまと」という言葉が出てくる。沖縄以外の日本をヤマト（大和）と呼ぶ言い方は、そのころには既に存在していた。ちなみに、『沖縄コンパクト事典』によると、琉球王朝時代には、ヤマトは薩摩のことで、日本全体のことはウフヤマト（大大和）と称されていた。ヤマトゥンチュ（大和人）も一般的に使われる言葉だが、最近は、若者を中心にナイチ（内地）やナイチャー（内地人）との呼称が広がっている。

アメリカ

基地と軍隊とドルの幻影

仲里　効

五年前に亡くなった、沖縄の優れた戦後写真家の一人、比嘉康雄の写真集に『生まれ島・沖縄』がある。一九七二年の初版だが「アメリカ世から日本世」のサブタイトルを付け、新たに編集し直して九二年に再版されてもいる。

復帰直後に撮った基地周辺の原色の街のカラーからアメリカ占領期のモノクロームに移る、その間に、七二年四月の日付を持つ短い日記を添えていた。その中で、「日本世」から「アメリカ世」を生き抜いた、明治十二年（一八七九年）の「琉球処分」の年に生まれた九十三歳になる祖母に、どちらの時代がよかったかを聞いたところ、〈「日本世」は食べる物も着ける物もなかったが、いまはおいしい物が食べられるし、着ける物だってたくさんあるから「アメリカ世」の方がよかったと真剣に話した〉というエピソードを紹介していた。生活者のリアリズムからみれば「アメリカ世」とは、何よりも圧倒的な物量として体験されたということだろう。

『生まれ島・沖縄』のなかには、印象的な二つの写真が収められていた。「高等弁務官」と呼ばれ、戦後沖縄に君臨した六名のエンペラーの額装された顔写真が掲げられている平安座島の公民館の写真と、そのエンペラーの一人で軍服姿のランパート中将と背広姿の屋良朝苗琉球政府主席が毒ガス移送を沿道で見守っている一枚が、左右に配置されているページである。

この二枚の写真は、高等弁務官資金を活かした「琉米親善」という名の住民浸透と基地沖縄をめぐる権力関係の図像として見ても興味深い。写真家が切り取った一瞬は、百言を弄しても及ばない核心に触れている。ここには、沖縄社会に君臨する「絶対権力者としてのアメリカ」と「福音を施すアメリカ」という二重のイメージが写し込まれていた。

沖縄住民とアメリカとの最初の本格的な出会いは、いうまでもなく住民を巻き込んだ沖縄戦であった。最も凄惨な集団自決に追い込んだ契機のひとつは、捕虜になったら「男は八つ裂きにされ、女は強姦される」という「鬼畜」のイメージであったが、現実のアメリカ兵との接触によって、その像はもろくも崩れ、戦後しばらくはアメリカ軍が「解放軍」のように見なされたこともあった。しかし、それが幻想でしかなかったことは、極東の軍事的キーストーン建設のための強制的な土地接収によって知らされる。

アメリカは、占領を政治的、法制度的に権威づける高等弁務官制度を導入したり、軍政によって布告布令を恣意的に乱用したりする一方で、スポーツ・文化を通した「琉米親善」や「米留学制度」などの文化政策によるソフトイメージの浸透をはかった。沖縄におけるアメリカ体験とアメリカ人像は、占領政策と分かちがたく結びついているということである。

こうした軍事植民地オキナワにあって、アメリカ人ともっとも身近に接触したのが、軍雇用員と基地の周辺でアメリカ兵相手の商売を営む人たちであった。とりわけアメリカ兵とのコンタクトゾーンとなったのは、Aサインバーをめぐる風俗と女たちであった。これは基地と軍隊が男社会であることに関係していたことはいうまでもない。

ここでの体験のカタチは、沖縄の戦後文学のなかに見ることができる。例えば又吉栄喜の『カーニバル闘牛大会』に出てくる「南米系のチビ外人」と闘牛好きで巨体の「マンスフィールド」さん、『パラシュート兵のプレゼント』で少年たちに物資を流す「チェンバーズ」、『窓に黒い虫が』で主人公の青年がひそかに思慕を寄せる女性の愛人「黒人兵ミッキィ」、ベトナム戦争の死の影に怯え、次第に狂気に追い詰められていく『ジョージが射殺した猪』の内向的な「ジョージ」、そして吉田スエ子の『嘉間良心中』のなかで年老いた娼婦が無理心中の道連れにした美貌の「脱走兵サミー」など、〈少年〉や〈ハーニー〉と呼ばれた女たちの、基地と沖縄社会の境界での接触体験が描かれていた。

沖縄人のアメリカ体験とアメリカ像は時代によって多少の違いはあるとはいえ、基地と軍隊とドルの幻影によって規定されていることに変わりはない。

ドル依存型経済の歴史と構造

高良　倉吉

沖縄にとってのアメリカ経験というものを、総括的に語ることができるのは何時《いつ》になるのだろうか。安全保障環境が劇的に変化して基地オキナワの存在理由がなくなり、彼らがすべて引き揚げた後のことになるのか。その時点においてわれわれは、基地や「異民族統治」のことを、あの沖縄戦の記憶を含めて総括的に語ることができるようになるのだろうか。

総括的という意味は、戦争や政治、軍事のことだけを言うのではない。例えば、兵士と結婚してアメリカで暮らすことになった沖縄女性の状況や、その子どもたちのアイデンティティにも着目する。母子を捨てて本国に帰った兵士や、取り残された母と子の生活や人権の問題にも目配りする。沖縄基地での勤務経験を持つところの、膨大な数のアメリカ人にとってのオキナワ経験とその記憶も射程に容れる。また、その経験と記憶が黒人や白人という出自によってどう異なっているかについても注意する。

沖縄の側は、彼らがもたらした文明や文化をどのように扱ったのか。アメリカとの接触は、沖縄という地域のアイデンティティにどのような影響を及ぼしたのか。そのアイデンティティは、沖縄対アメリカという構図で形成されたものだったのか、それとも、日本という存在が関与する多層的なものだったのだろうか。つまるところ、アメリカ経験は沖縄の特質の何を顕在化させ、何を希薄化し、また何を埋没させたのか。

そうした諸々の問いを経由する思考の営みを、ここでは総括的と唱えている。アメリカ帝国主義とか、軍事超大国とか、単独行動主義の覇権国家とか、そういうレッテル貼りで片付ける安易さには距離を置き、現代沖縄という地域の形成に深く関与した存在や経験としてのアメリカを問い直したい。

問題はそれだけに止まらない。アメリカ統治時代の一九五八年九月、支配者アメリカは沖縄の通貨をB円（B型軍票）からドルに切り替えた。世界最強の通貨であるドルを手にした沖縄の人々は、それを用いて外部世界から膨大な商品を輸入し、消費するようになった。そのことが主因となり、沖縄には製造業が育ちにくい環境が生まれ、汗水流して生産するよりも、ドルを使い、欲しいものを外から買う状況が蔓延する。

アメリカの狙い通りの経済構造が形成されたのである。自前の商品を製造しそれを輸出してドルを手に入れるのではなく、入手先はもっぱら基地関連需要に依存せざるをえなくなった。基地抜きにドルは稼げない事態となり、その構造はそのまま日本復帰後に引き継がれ、今度は財政依存という着衣をまとうようになった。アメリカ経験を総括的に問うというのは、そうした依存型経済の歴史とその構造を見据える営みも含む。

沖縄戦から数えて六十二年このかた、アメリカは「沖縄問題」の明快な原因の一つであった。沖縄を直接統治し、この島を要塞化して基地問題を出現させた。そして、日米安保条約によって基地を継続使用し続けることにより、基地問題をもまた温存し続けている。誰かの指摘を待つまでもなく、そのような状況を許容し支援してきたのは日本の政治であり、その文脈で言えば、「沖縄問題」は日米「共犯」のもとで作り上げられ、固定化されたものである。

沖縄からアメリカが去り、基地問題が目前から消え失せた時代のことを夢想しながら、そのような時代においてわれわれは経験としてのアメリカをどう語っているだろうか、という疑いが頭をよぎる。基地オキナワが直接間接にもたらした様々な事態のことを、目配りゆたかに、しかも自立した精神に即しながら述べているだろうか。

その将来に対して切実な注文が一つだけある。自立的な精神と経済を持ち、応分の役割を果たす地域になっていることである。その状況を確保することができなければ、アメリカ経験を総括的に言うことはおろか、この地域を沖縄としてあり続けさせることさえ困難となる。アメリカを完全な客体として措定できる存在、それに沖縄がなっていることを願う。

〈アメリカの沖縄支配〉 沖縄戦が始まって間もなく、米太平洋艦隊司令長官ニミッツは沖縄における日本国の施政権を停止し、軍政府を設立するとの布告を出した。『沖縄県の歴史』(山川出版社)によると、捕虜収容所に住民が囲い込まれている間に米軍は土地を軍用地として収用した。軍事優先政策のもとで、一九五〇年代には新たな恒久基地建設を目的に抵抗する住民を排除しながらの強制的な土地収用を行った。一方、外貨導入を図るために通貨は五八年にドルに切り替えた。また、人材育成のために琉球大を創立し、米国留学制度を設けた。

基地依存

「振興策」が沖縄を蝕んでいく

仲里　効

今年は沖縄が日本に「復帰」して三十五年になるが、ちょうど十五年前の一九九二年に、地元新聞社の土曜文化面で一年間連載を受け持ったことがあった。沖縄の変貌する風景を写真に収め、それに文章をつけていく、いわば〈復帰二十年・沖縄の今〉を読むという企画であった。あの時ほど沖縄各地のスージグァー（路地裏）を意識して歩いたことはなかった。

そのとき印象に残ったことの一つが「軍用地買います／即金」とか「求む軍用地」などの看板であった。浦添市、宜野湾市、沖縄市、北谷町、嘉手納町、読谷村などの基地を抱えた街の路地のコーナーに立てられていた。要するに目立つのである。

軍用地料は復帰後、日本政府によって一気に跳ね上げられ、年平均四%のアップで推移し、一〇%を超えるときもあったといわれる。そのため軍用地は担保価値が高く、売買される価格も返還の見込みがない軍用地ほど高いとされる。今でも不動産業者の店の入り口の案内や新聞の広告欄で「軍用地売買」の文字を頻繁に目にする。二〇〇三年現在、沖縄の軍用地主は約三万七千人といわれ、軍用地料は七二年復帰時の年間約百二十三億円から約七百六十六億円となり、売買価格はその数倍に跳ね上がっている。路地裏の電柱や四辻に立つ「軍用地買います/即金」の看板は、基地と絡み合った沖縄の奇妙な世相を見せつけられたようで考えさせられた。

この軍用地料も含め、軍雇用員賃金、米軍人・軍属の消費支出など県民所得に占める基地関連収入は、復帰時の一五・五%から四・七%に低下したといわれる。この数字をみると、たしかに基地への依存度は復帰後低下したといえなくもない。しかし基地交付金などの関連収入を入れると実際は一〇%になるといわれてもいる。

復帰後、本土との「格差是正」や「自立的発展の基礎条件整備」を目的に実施された高率補助の沖縄振興開発事業は、基地を安定的に維持するためのエコノミーという側面をもっていたために、国家財政依存の経済体質を構造的につくりあげる結果となった。ちなみに財政依存度は復帰時の二三%から三三%に増大し、「低所得、低貯蓄、高失業、高借金、高依存」などを慢性的に生み出すことになった。

つまり、ここからいえることは、「基地依存」と「国家依存」が沖縄振興という名のもとに政治的につくりあげられている、ということである。こうした基地と振興策のリンケージは、九五年の少女レイプ事件をきっかけにして高まった沖縄の反基地運動が鎮静化したときと、普天間基地の名護市辺野古沖への代替施設新設を中心に再編が行われたときから、よりあからさまになってくるようになった。

そのとき打ち出されたさまざまな振興策を挙げてみると、十年間一千億円の北部振興事業費、基地所在地市町村へのＳＡＣＯ交付金、基地交付金、沖縄振興特別対策調整費、島田懇談会事業費などで、これらの事業に対する国の補助率は九割の高率である。いわゆる基地をカードにした振興策の引き出しといわれたが、この「基地カード」は皮肉にも、今では政府によってより有効に使われているように思える。

そして昨年、日米政府間で取り決められた「米軍再編」によって、普天間基地の辺野古移設案がＶ字型滑走路と軍港を併設する案に拡大され、それを確実に実施しようと交付金を「出来高払い」にする「米軍再編推進特措法案」が議決されている。それによって、いっそうその受け入れと依存を強めていくのは目に見えている。

どこかに向かって歩いていけば、基地のフェンスか海に出るといわれるように、基地は沖縄島の空間を暴力的に囲い込んでいるばかりではなく、沖縄の経済や社会も、国家へと囲い込み、依存体質を強めさせる。「軍用地買います／即金」の看板の前を通る少女と、その看板の隙間に顔を見せた少年を撮った写真がある。この写真を見るたびに、沖縄の風景はもちろん、人々の価値の深層が緩やかに、だが、確実に蝕まれていることを実感させられる。

負担許容量提示すべきだ

高良　倉吉

沖縄国際大学の富川盛武教授の試算によると、アメリカ軍基地関係の有効需要は二千百億円程度あり、それによる生産誘発額は三千億円、基地が無くなった際に約二万八千人が失職する見込みだという。沖縄県の一般会計予算は六千億円程度だから、基地関連の受取額は沖縄にとって依然として大きいことが分かる。沖縄を代表する大手企業、例えば沖縄電力の年間販売収入は約千四百億円、従業員数は千五百人ほどであるから、民間活力を通じて基地の経済効果を穴埋めするには必死の努力が求められることになる。

各種の世論調査に明らかなように、沖縄の多数意思は、一貫してアメリカ軍基地の「整理・縮小」を求めている。ただちに基地のすべてを撤去せよと言うのではなく、在日アメリカ軍基地の七五％が沖縄に偏在する今の現実は不公平であり、かつ負担過重であるから、県民が納得できるレベルにまで軽減せよと要求しているのである。

では、納得できるレベルとは具体的にどのような状況を指すのだろうか。例えば、すべての海兵隊基地とその兵員が沖縄から去り、基地負担の割合が三〇％以下にまで縮小すれば良いということなのか。それとも、海兵隊基地に加えて、アメリカ空軍が主に使用している嘉手納基地までも引き算して、負担を一〇％台にまで下げろということなのか。しかしながら、この論点について沖縄の多数意思は真剣に論議しておらず、「整理・縮小」論の具体像は明快とは言えない。

沖縄の側から具体像をあえて示す必要などない、という意見がある。「整理・縮小」という要求それ自体が、基地オキナワの現実を県民の立場で絶えず点検できるカードなのであり、許容できる範囲を論じた途端にそのカードは有効でなくなってしまう。基地あるがゆえに派生する事件・事故に抗議し、普天間基地の危険性除去を訴えるためにも、このカードだけは手放さないほうが良いと言う。

また、基地がらみで何らかの問題が起こった場合、このカードを手に基地の「整理・縮小」の促進を要求できると同時に、このような負担を背負わされていることに対する「迷惑料」として、わが国の中央政府から特別措置を引き出すこともできる。したがって、県民が納得できるレベルをプラカードにして掲げることは、まさしく愚の骨頂以外の何ものでもなく、曖昧であるからこそカードの利用範囲は広がる、と言うのである。

この論理に対し、「正義」をかざしつつ私は反対などしない。しかし、そのようなしたたかとされる処し方を、われわれの地域はいつまでとっていられるのか、との疑念を抱く。多数意思の側にとって、即時無条件全面返還が基地問題の解決でないとすれば、むしろ沖縄から負担できるレベルを具体的に提示すべきだと思う。負担のレベルをあえて設定できる根拠は、既存の基地をいかに引き算するかという話ではなく、わが国の当面する安全保障政策にとって日米同盟や沖縄基地がなぜ必要なのか、その認識に依拠するしかない。基地問題という地平からではなく、安全保障の観点から意思を表明するしかない。

「整理・縮小」論というファジーなカードを手放し、合意できる負担レベルをプラカードに掲げたとき、基地は「問題」ではなく、われわれの意思で存在するものになっているのであり、「基地問題」はその運用状況を点検する地域業務の一つだということに落着しているはずだ。そして、沖縄にとっての「古典的な」基地問題は幕を閉じることになる。

そうなったとき、安全保障に対する正当な報酬として基地関係の有効需要を受け取れば良い。ただし、基地の「整理・縮小」がかなり達成されているはずなので、旧来に比べてその額は小さく、生産誘発額もまた縮小しているはずである。

基地依存が沖縄経済の主役の一人でなくなったとき、それに代わる新しいリーディングセクターは誰なのか。「迷惑料」を払い続けてきたこの国の中央政府であろうはずはなく、ましてや公共事業依存型のアクターであるはずもない。基地の発する金額を地域経済にとっての微細な一要素と見る、真に経済的であろうとするパワーであろう。その勢力が、基地依存というステージの幕をようやく引くことになるのだと思う。

〈沖縄経済の基地依存〉 沖縄県基地対策課の統計資料集によると、〈1〉米軍基地で働く日本人従業員の給与〈2〉軍用地料〈3〉軍人や軍属などへの財・サービス提供による収入の合計（基地収入）は、日本へ復帰した一九七二年は七百七十七億円で、県民総所得に占める割合は一五・五％だった。二〇〇三年には基地収入は千七百八十三億円に増えたが、観光収入の増加などに伴って比率は四・七％に低下。一九八九年に五％を切って以降は、同程度の水準に落ち着いているが、基地の存在による経済波及効果は依然として大きいとされる。一方、二〇〇三年の観光収入は三千七百七十三億円で県民総所得の一〇％を占める。

忘れ得ぬウチナーンチュ

「出沖縄」と「砂糖島」の群像

仲里　効

振り返ってみる。茫漠とした時間のむこうでまばたき返す顔たちがいる。はじめは気配のようにかすかに、やがて濃密な彫りとなって、こちらをまなざす群れたち。この濃密な群れを私は二様もっている。

ひとつは、一九六〇年代の後半から七〇年代初めにかけて「留学」や集団就職で、沖縄からヤマトに渡った同世代の「出沖縄」たちの群像である。沖縄の「復帰・返還」が日米の合作によって現実化しつつあるとき、ヤマトでの体験を確かめながら、改めて「沖縄にとって本土とはなにか」ということや「復帰する日本とはなにか」という問いに迷っていた。それはちょうど、沖縄の内部から復帰思想の擬制を批判し、日本のフレームを越えていく新たな沖縄像が芽吹いていた潮目とも重なっていた。

ヤマトでの体験を対象化し、時代に踏み出していく、そこに「出沖縄」たちの迷いや葛藤や決断の声が分有され、また乱反射した。例えばM。ガリ版刷りの詩集を作り、駅弁売りのように首にぶら下げ、池袋の地下道で日がな一日立っていた。具志川出身のFは、集団就職で上京はしたものの、ひとところに落ち着くことができず、東京の空の下を流れ、しまいには心を壊してしまった。大阪沖縄人二世のU。自らの在日性と格闘していた。これら「出沖縄」たちは、一様に〈沖縄〉をアポリアのようにかかえていた。

あと一つの群像は、幼少年期に過ごした南大東島の日常に出入りした人々である。もともと無人島を開拓してできた砂糖島の人々はみな移動民で、サトウキビ伐採や製糖工場の労働者として沖縄各地からやってきた。小さなシュガーランドに「沖縄」がモザイクのように、あるいはマンダラのように絡まり合い、移動民は沖縄列島のそれぞれの母島から持ち込んだ言語や民俗や慣習を交換し合い独特な風体をつくりあげていた。

そんな流浪者の一人にSがいた。キビ刈り労務をしていたが、どこかきゃしゃな感じでアルコール依存症でもあった男は、ストーリーテラーを自任していた。子供たちを集め、以前にアメリカ軍の通訳をしていたときの体験話だといって、勿体をつけてはじめる。何とか中佐はこういったとか、これは英語でこういうんだとかいっては、自慢の英語もどきを舌に乗せる。子供たちもいつものアレとわかりつつも、男の作り話を楽しみ、また感心するふりをして聞いた。ところが、酒の入ってない時のSはひどく哀しげだった。焼きつくような昼の光の中を自分の影によろけるようにして歩く姿をよくみかけた。

ゲレンサチコー（「ゲレン」とは頭が弱いという意味）。十四、五歳の彼女は、子供たちが遊んでいる群れの中に闖入《ちんにゅう》しては輪を乱した。ゲレンサチコーを疎ましく思い、タブーが決壊した彼女が放つエロスを怖れもした。ある日、彼女はシュガートレインに片腕をもぎ取られ、その腕は日本軍の兵舎跡を利用した診療所にホルマリン漬けにされて置かれていた。子供たちの輪のそばで、姉の言動にじっと耐えている寡黙な弟がいた。

父の故郷の伊是名島からやってきて、我が家で寝食をともにしたことがあったKニーニーは、製糖工場で働いて貯めた金でボリビアに渡ったが、間もなく亡くなった。父は口ごもったが後に自殺だと分かった。南洋のテニアンから引き上げたAオジー一家は、十一名の大家族だった。夜になると酒好きのオジーは、あれこれと用事をつくっては家々をはしごして寂寥を慰めていた。酒が回ると決まってテニアンの話をし、南洋ダンスだといっては腰をふりふり踊った。水底のような深夜、誰に聴かすともなく一人で歌を歌っていた。月明かりに青白く伸びた一本のサンゴ砕石道を、海に向かう人影がいた。蒼空を流れては消える、星たちの一瞬の光芒が地球の営みを告げていた。

時代が騒いでいた在日の「出沖縄」たちと、シュガーランドの幼少年期に擦れ違った群れ。記憶のなかの陰影は、群島となって私の〈今〉に問いかけ、視線を糺すことをやめない。

地域と人を見つめた男

高良　倉吉

沖縄の地域経済プランナーに、真栄城守定《まえしろもりさだ》がいた。二年前の十月、心筋梗塞で突然この世を去った。急報をうけ自宅に駆けつけると、笑みを浮かべたままの彼が眼前に横たわっていた。六十七歳だった。

人生末期の十年間、彼は琉球大学教育学部で経済を講ずる教師だったが、それ以前はコンサルタント組織を主宰し、ながく活動していた。県・市町村の基本構想や総合計画などを立案し、各種審議会の委員を務め、講演会やシンポジウムの演壇に立つなど多忙な人であった。三十年来の付き合いであり、彼の研究所が受託した沖縄コンベンションセンターや沖縄国際センターの基本構想を検討するために、南米やメキシコ、アメリカ、東南アジアを一緒に旅したこともあった。

また、沖縄の青年たちがアメリカ兵を相手に演奏し鍛え抜いてきた音楽（オキナワロック）の意義をアピールするためのイベントを、十年にわたり一緒に主宰したこともあった。「紫」や

「コンディショングリーン」の時代が過ぎ、沈滞化の一途をたどっていたその音楽を、アメリカ経験の再考という視点で共有したかったのだ。ピースフルラブ・ロックフェスティバルの名で、そのイベントは今も熱い沖縄の夏に開催されている。

　彼が主宰した仕事のなかで、忘れられないプロジェクトがある。一九八〇年代初頭、日本復帰十年をまもなく迎えようとしている沖縄を見つめるために、沖縄の県民像と若者像を同時に検討しようという試みであった。「歴史」「共同体意識」「経済政策」「地域開発」そして「ヤマト（本土）」という五つの切り口から見た沖縄像や県民像を提示し、長時間におよぶ討論を通じてラフスケッチを描いた。私は「歴史」分野から報告を行い、その討論に参加した。この成果は『沖縄の県民像――八〇年代を主体的に切り拓くために』（一九八二年）と題し、真栄城の研究所から出版されている。

　若者像を検討する作業のほうは、ファッションや交友関係、新聞・テレビなどのメディアとの向き合い方、情報に対するアクセス、そして「沖縄」意識などを問題とした。東京の若者を対象に実施されたアンケート調査結果と比較することによって、沖縄の若者が帯びるところの共通点や相違点を明らかにしようとしたのである。アンケート分析と総括的な文章の執筆を私も分担した。成果は『現代沖縄の若者像――その意識と行動』（八二年）の名で、やはり彼の研究所から刊行されている。

　この二つの仕事に関わったことが、歴史家としての私の態度を大きく左右したと思っている。歴史学という学問のなかに沖縄の歴史を閉じ込めるのではなく、沖縄をめぐる様々な問題に歴史認識を関与させる必要があることを学んだ。同時にまた、沖縄をめぐる多様な現実に根ざしながら、そこで得た問題意識を歴史研究という舞台にのせることの必要性も痛感した。そして何よりも、沖縄という巨大なテーマに向き合う一つのスタンスが歴史研究なのであり、歴史家はまことに小さな存在に過ぎない、と思った。そのような反省の機会を真栄城が私に与えてくれたのである。

二〇〇〇年春、アジア太平洋地域の安定のあり方を考えるワークショップにおいて、真栄城と一緒に「沖縄イニシアティブ」なる問題提起を行った。日米同盟やアメリカ軍基地の評価の問題を真正面から取り上げる「危険思想」であり、非難キャンペーンが吹き荒れることは目に見えていた。案の定、「沖縄のこころ」を踏みにじったものと見なされ、首謀者の私は言うに及ばず、彼もまた非難の眼差しに晒された。口惜しかったのは、地元沖縄の二つの新聞が扱った彼の訃報である。真栄城の他界を報じたその記事は、地域プランナーとして多くの仕事を担ったその業績よりも、「沖縄イニシアティブ」の共同提案者としての側面が強調されていたからだ。

多忙な人であったが、三冊ほどの単著を残している。『宮古・地域開発の胎動』（一九八一年）のなかで、小さな離島、多良間《たらま》島のかかえる離島苦の現実と土地利用の豊かさを同時に目の当りにして、「克服すべきものをもつと、それだけ知恵が発揮される」と彼は書いている。多様な現場を抱え、しかもなお、活動を続けた者の言葉だと感ずる。

対談　沖縄の歴史、国家、自立

高良　倉吉
仲里　効

この対談は、一年三か月にわたった連載を終えるにあたって、二〇〇七年三月二日に福岡市で行われた。連載は共通のテーマについての対論の体裁を採ってはいたが、実際には、互いに相手がどのような論を展開するかを事前に承知したうえで、執筆されたわけではない。したがって、相手の論考を読んだ後に、自分の論を補足したり、反論したりする必要を感じたことが、双方ともに多々あったはずだ。書き足りなかったこと、新たに主張したくなったことを存分に語り合ってもらおうという趣旨での対談だったのだが、二〇〇〇年に高良さんが中心になって発表した「沖縄イニシアティブ」をめぐって激しく対立し合った二人が、その後、じかに肉声で語り合うのは、驚いたことに、これが初めてだったという。予定の時間をオーバーし、居酒屋での打ち上げの席でも続行された討論は、時折険しいやり取りがあって白熱した。多岐にわたった内容を、臼山誠記者が四つの主題の下に整理して構成した。

司会＝小林　清人（読売新聞西部本社文化部長）

鳥の目か、虫の目か

——三十回の連載を読ませていただきながら、高良さんの言うことも分かるし、仲里さんの言うことも分かるという、そんな落ち着かなさをいつも感じていた。おふたりの間には、例えば「格差社会」を是とするか非とするかといった同じ平面での意見の違いとは別の違い、つまり言葉の出所というか、語りの位相の違いがある。表面的な対立ではないコアの部分での違いが次第にはっきりしてきたのは、興味深かった。

高良　沖縄をどう定義しているか、その出発点から互いにかなり違っていた。

仲里　高良さんは、沖縄を日本というフレームの中に位置づけている。私は、そのフレームに必ずしも内属できないエッセンスがあり、そこに沖縄の可能性を見いだすべきだと考えている。もう一つ、文体の違いがあった。高良さんの場合は非常に比喩的に言えばパースペクティブ（透視的）な視線によるものだ。彼が鳥の目だったら、私は虫の目かも知れない。

高良　二人の相違はヤマトの大学に進学した六〇年代後半〜七〇年代初めの学園闘争や沖縄返還問題といった政治状況にどうコミットしたか、あるいはしなかったかによる部分が大きいと思う。仲里さんは問題意識を持って当時の状況にかかわっていった。私は政治的運動から意識して距離を取っていた。

仲里　日本への返還に向かって沖縄が身をくねらせていく時代のくぐり方の違いだ。東京にいた私にとって、そこで自分が体験したことをどう言語化していくかが大きな課題だった。それを模索する過程で「復帰」とは一体何なのか考え続けるうちに、近代の初めにさかのぼって、沖縄がたどってきた歴史性に直面せざるを得なかった。当時、ジャーナリストの新川明さんや川満信一さんたちが、それまでの沖縄の語られ方とは異なる文体を発明し、幅広い状況にわたって論じていた。その文体は私たちの世代が時代をくぐり抜けるうえで参考になった。

——高良さんの言葉は沖縄をどう経営するかという視点から生まれている。これは否定的な意味で言うのではないが、いわば「治者の論理」に貫かれていて、知識人として沖縄に対してどういう風に責任を取ろうとしているのかがはっきりしている。

高良　治者の論理、か。歴史家として琉球史を研究するスタンスの取り方の問題があると思う。前近代から近代―戦後―現代にいたる沖縄像をいかに構築するかが私の課題で、自分なりの歴史像や見通しを持とうと強く意識してきた。沖縄の全体像を作ろうという姿勢が、大局的に沖縄を見る基盤になっている。

しかし、私が政治問題に正面から発言し始めたのは、大田昌秀知事の二期目（一九九四〜九八年）からだ。米兵の少女暴行事件（九五年）に対する抗議で沖縄が沸騰したとき、私はその状況にはらまれる問題をじっと考えた。そして、当時主流だった言説とは違うスタンスが自分にあることを確認し、それを公に発言しなければいけないと思った。大田さんという知識人に代表される沖縄論へのアンチテーゼだった。

仲里　復帰後の沖縄は過去の歴史をまだ決着させていない。少女暴行事件は沖縄の戦後史の中で解決されずに封印されていた問題を前景化し、あの事件以降、その問題を改めて沖縄の人たちが自覚しはじめた。高良さんはそういう状況の中で、全体としての沖縄像を構築していかねばならないと痛切に感じたのだろう。

しかし、私はトータルという概念にちょっといかがわしさを感じてしまう。時代とのかかわり方に、「歴史を逆なでにしていく」という仕方がある。その違いが二人の間にあったのだと思う。

――歴史を逆なでに……？　そこで言われている「歴史」は、書かれた歴史と理解してよいのか。

仲里　この例が良いのかわからないが、ヘーゲルは近代を総体化し、弁証法が近代のメーンの言説になっていった。その言説の持つ一望監視的なイメージをドイツの思想家ヴァルター・ベンヤミン（一八九二〜一九四〇）らが批判的にとらえ直して、全体を鳥瞰《ちょうかん》する歴史が見落とす人間や事象へまなざしを向け、「歴史を逆なでにする」という言い方をした。沖縄を考える場合にも同じことが言えると思う。一概に図式化はできないが歴史をトータルに見ることに対して、時代の裂け目を丁寧に見ていく視線があるということだ。

高良　私が歴史を全体として描きたいと言うのは、復帰後の沖縄のための「国史」を作りたいということだ。私たちが現実に生きている今にふさわしい琉球史を構築したい。今、沖縄に住んでいる人たちに共感をもって迎えられるインパクトのある琉球史だ。

そのために、いろんな要素を織り込もうと努めてきた。アジアに出かけて考えたことや、宮古、八重山、奄美の世界のことも取り入れてきた。全体を丘の上に立ちながら眺められるような歴史だ。仲里さんの言うような、歴史のひだや生きている一人一人の人間たちのことを語るためにも、全体像が必要だ。

「歴史を逆なでにする」見方に立つ人は、このような大状況としての歴史の語り方を批判する。それでは、前近代を含む琉球の全体史はどう書かれるべきなのか。大事なのは、どんなスタンスで歴史を語るか、ではないのか。私自身が生きるこの時代のために、時間的にも空間的にも広がりを持つ琉球史を語ろうとすると、まずは上空から眺めているような視線が必要になる。

――高良さんは、復帰についてある意味肯定的で、仲里さんはラジカルに日本を批判する立場だ。復帰以後をどう評価したら、そのような極端な違いが出てくるのだろうか。

高良　沖縄という概念の理解の仕方に絡んでくる。復帰以前と復帰当時と今、常に前提にできる「固有の沖縄」があるだろうか。復帰した七二年五月十五日に沖縄を取り巻いていた状況は、現在から見ればすでに歴史だ。今を批評するために立脚する沖縄像がおそらく仲里さんとは違うのだと思う。沖縄は日々変わっていく。問題なのは、目の前に展開している沖縄だ。

仲里　沖縄の政治、経済、社会を決定し方向づけているものは何か、それをまず問わなければならない。その批判から新たな沖縄像が立ち上がっていく。

——高良さんは「アメリカ統治時代」の回に、沖縄は〈容易には日本像に回収されない、むしろ日本像のあり方を問う意識を有する土地〉として復帰したと書いている。確かに沖縄以外にそういう土地は考えられない。

仲里　沖縄の置かれたポジションや歴史的体験から、国家をめぐる問題を意識せざるを得ないからだ。返還で統治形態の枠組みは変わったが、依然として一本の線が沖縄の歴史を貫いている。例えば沖縄振興開発計画には、「経済」の範ちゅうには収まらない、沖縄に対する国家意思が明確に貫徹されている。

高良　現在も特別措置法に基づく振興計画が継続している。国家を批判的に問い返すと言うが、では現在の計画をどう是正するのか。仲里さんの文章を読んだ人たちが、この計画を具体的に手直しするための手がかりを得ることができるのか、あるいは計画そのものを根底からキャンセルしようと実際に行動することができるのか。現実的な影響力のない議論には意味がない。（仲里さんを含む沖縄の知識人たちが）県民の幸せのための具体策を考えているのか疑問に感じる。知識人として問題点を指摘するだけでは済まない。多くの人間が活用できるものこそが責任ある議論だ。統治の枠組みを根底的に問う視座が大事だと言うが、私が言いたいのはそう問うた後のアウトプットをどうするんだということだ。

仲里　復帰後の沖縄を定義づけたものの一つが、振興開発計画による本土との格差是正という名の同化路線だ。その実態は端的に言えば公共投資によって社会や経済の国家依存の構造を作りあげることだった。批判的に問題提起することは、こういう問題の所在を明らかにする作業でもある。日本の中の沖縄という枠組みを克服するのに必要な視座や方法を沖縄において作りきれるのかという形で、私は考え続けている。

「沖縄イニシアティブ」をめぐって

（対談は、互いの語りの位相の違いを確認し合った後、国民国家の問題性をめぐる議論に発展、さらに二〇〇〇年に高良さんらが発表して波紋を広げた「沖縄イニシアティブ」へと話題が及んだ。「イニシアティブ」を提唱した側と批判した側のそれぞれ代表的な立場にあったおふたりが、当時の沖縄の政治や言論界の状況を踏まえながら論じ合った）

――仲里さんと高良さんの間には国家へのアプローチの違いがある。仲里さんの国家への批判は日本の状況への違和を超えて、国民国家という近代の装置そのものへの違和に及んでいるのだろうか。

仲里　沖縄では立場が絶えず問われており、思想は本来力のないものだと開き直ることはできない。それを踏まえた上で、国家への違和については、次のように考えている。近代社会は西洋で国民国家に収斂《しゅうれん》し、世界に広がった。だが、政治的公共圏は唯一国家だけに収斂されなければばならないものだろうか。国家意思の発動の最高の形態としての交戦権が総力戦に帰結した事実は重い。公共圏の収斂の仕方として、国民と国家は必ずしも人々に幸福をもたらす在り方ではないとの考え方が近年の思想にはある。

日本の近代の帰結が植民地主義とアジア太平洋戦争であったとするならば、沖縄の歴史的体験と、アジアの境界としての絶妙なポジションにある群島としての沖縄は、東アジアにおける新たな政治的公共圏を生み出す回路になりうると思う。

——国民国家が制度疲労を起こしているように見える現在、新しい政治的公共圏の創出という課題は、必ずしも沖縄固有の問題ではない。抽象レベルでの議論が可能なテーマだが、それをつねに沖縄の命運と重ねて考えなければならないという所に、沖縄の知識人の宿命を見る思いがする。

高良　確かに沖縄だけの問題ではない。しかし、沖縄という地域が持っている政治的公共圏の磁場を輝かせるために、沖縄にこだわって考えるべきだという思いは私にもある。私たちにとって大事なことは、沖縄にアクセントを置いて語り続けることだ。アイヌはアイヌに、在日朝鮮人は在日に、こだわりながら考え続ければいい。

国民国家の問題性についてだが、沖縄の人たちは、国民国家が矛盾をさらけ出している地域で生活している。地域と人々が抱える違和とどう向き合うか、という風に私は考えたい。国家とは、小泉政権や安倍政権など中央政治のことを指すのではない。裁判所や警察、学校などもろもろを含む統治機構であり、国土を管理している組織体だと私は考えている。

仲里さんたちが反国家の立場で語るとき、それを聞いた人から国家をどうすべきか問われたら、その統治機構を具体的にどう修正するのか、あるいは転覆してその後どうするのかを答えなければいけない。今沖縄で生きている人に対して思想をどう伝えるのか、私たちはその責任を負っている。

――二〇〇〇年三月に発表された「『沖縄イニシアティブ』のために」は、高良さんのそのような国家観に基づいたものだったと思う。現実にある国民国家をひとまず肯定し、その装置によって具体的状況を改善していこうとする立場から、日米同盟の果たす役割や在日米軍基地の存在意義を認め、安全保障分野で沖縄が引き受けるべき役割や責任の妥当な範囲を確定しようという趣旨だったと理解する。賛否は別にして、本土の人間から見れば、当然あり得る議論であり、なぜあれほどバッシングされなければならなかったのか不思議だった。

仲里　当時、地元新聞二紙に「イニシアティブ」を批判する論考が数多く掲載され、私も沖縄タイムスに書いた。その時の論点の一つは、高良さんの存在の大きさだった。私たち同世代の代表的知性の一人である彼が、沖縄の言説界に介入するかたちであういう提言をしたことが波紋を呼んだということだ。

もう一つは、当時の政治状況との絡みについてだった。あの年七月のサミットは急転直下、政治的判断で沖縄に開催地が決まった。普天間飛行場の辺野古沖への移設とサミット誘致は大きく絡んでいたのではないか。あれだけ大きな反応があったのは「イニシアティブ」の提唱が国家の推進する政策と密接な関係にあると認識されたからだと思う。

高良　私は提言したテーマの専門家ではないので、一人では出来ないと考えて琉球大の真栄城守定、大城常夫教授に呼びかけ勉強会を重ねて連名で発表した。原稿は私が書いたものを三人で議論しながら手直しした。実は、実際に発表したものとは別に、日米同盟や基地問題についてのトーンを下げたペーパーを二種類用意していた。最終的に強いトーンのバージョンを発表しようと主張したのは私だ。それは、沖縄の「思想家」たちが共有している一定の価値観や、沖縄の主流的言説とは全く違う書き方をすべきだと考えたからだ。

批判されるにしても議論のたたき台にはなるだろうと思ったが、そうはならなかった。ああいう趣旨の提言をしたこと自体に地元の新聞や論壇は違和感を持ったようだ。国家統合の仕上げの最終局面で、あの高良がパフォーマンスしてみせたという語られ方をした。

仲里「沖縄イニシアティブ」を出すこと自体、政治を引き受けることだったのだと思う。基地問題や歴史問題など沖縄の抱える諸問題についてのトータルな形での提言だったが、一番違和感を持って受け止められたのが、「日米同盟が必要とする限りにおいて沖縄の基地が果たす役割を評価する」という言い方だ。九五年の少女暴行事件をきっかけにSACO（沖縄施設・区域特別行動委員会）が出来て、その最終報告に普天間飛行場の移設が盛られた。提言はそういった沖縄の基地の新たな建設や再編を言論によってオーソライズする役割を果たした。高良さんはあえてその役割を引き受けたのではないか。

高良　その通りだ。役割を自覚的に引き受け、確信犯的に提言をした。

仲里「なぜ高良が」という気持ちが私にはあった。それ以前の高良さんの身の処し方と変わったように感じたからだ。

高良　さきほど仲里さんが沖縄の言説界に介入したという言い方をした。「イニシアティブ」を発表する以前は、私自身もその言説空間の中にいたし、露出度の高い人間の一人だったとも言える。その空間で育てられ、発表の場を与えられて、沖縄にこだわりながら考え続けることができた。確信犯だと言ったのは、そこのメンバーであったからこそ、中途半端なものを出すわけにいかなかったからだ。その言説空間からは犯罪的と見なされることを覚悟して、その範ちゅうには収まりきらない異なる論点もあることを示したかった。

当時、一つ一つの批判に反論したかったが、相手は五十名以上もいたので、現実には不可能だった。この「沖縄から」の連載を引き受けたのは、「イニシアティブ」をあえて確信犯的に提唱した高良が、提言内容にかかわるいろいろなテーマについて、どのような認識を持っているかをラフスケッチ的に描いてみせたいという個人的な意図もあったからだ。私にも、沖縄に対する強い思いがある。結果として、あの当時書くことのできなかったことを連載で書かせてもらった。

仲里　「イニシアティブ」の主張は、保守政治の場では一貫してあった議論だった。当時の時代状況の中で彼があえて言論界において政治的役割を引き受けたということを含めて、小さいころ一緒に育った私にとっては「イニシアティブ問題」は「高良問題」だった。

沖縄で状況への発言をする者にとって「イニシアティブ」の論旨は常に意識され続けているはずだ。例えば作家の目取真俊さんがよく引用しつつ批判している。「イニシアティブ」の存在は、沖縄でものを考える人間にとって、否定するにしても肯定するにしても無視できない。

高良　第三者的な言い方になるが、「イニシアティブ」が提起した論点はあの時代だけで終わったのではなく、今も継続して存在している。そのことを認めた上で批判すればいい。その議論をバネにして自分の論を構築するというのならば、批判する意味が十分ある。

三年前から日米の有識者グループで「沖縄クエスチョン」というプロジェクトに取り組み、「イニシアティブ」の認識に基づいて議論を重ねている。私は「イニシアティブ」が沖縄の新しい政治的パフォーマンスの始まりだったと位置づけている。基地問題以外にも沖縄には深い問題がある。基地問題をクリアにすることで、そこから立ち上ってくる問題を具体的に描き、将来へ向かってのビジョンを構築していきたい。そう考えているのだが、なかなか議論がかみ合わないでいる。

仲里　基地問題がクリアになっても「沖縄としての沖縄」にかかわる問題が残るのは確かだ。そのことにかかわる文体をどう作っていくのかを考えている。「イニシアティブ」の描くビジョンではすくい取れないテーマがあるからだ。

「植民地的身体性」と言語の断絶

――仲里さんは「植民地的身体性」ということを言われる。例えば「沖縄の団塊世代」に、〈日の丸の旗がアメリカへの抵抗のシンボルとして打ち振られた。これもまたまぎれもないコロニアルな風景であった。こうした《アメリカ》と幻想の《日本》との間で育った生存の形こそ、沖縄の団塊の世代の《類》と《群れ》を特徴づけるアイコンでもある。そんな沖縄の団塊の世代の経験の総和を、私は「植民地的身体性」と呼ぶようになっていた〉というようなくだりがある。高良さんは、そのような考え方を採らないようだ。

高良　仲里さんが「植民地的身体性」という言葉を使うことに、個人的には違和感がある。だが、そんなことを言うのはナンセンスだと全面的に否定もしない。沖縄の人たちが地域を取り巻く状況を深く掘り下げて理解し、緊張感や自覚的意識を持って現実に向き合っているかというと、確かに主体性が欠如していると言わざるを得ない面はある。沖縄戦のときにもアメリカ統治時代にも見られたことだ。

仲里　近代以降、沖縄という主体は、日本国家とのかかわりで独特な過程を経て形成された。戦前の同化政策は、人々の身体に国家を埋め込んでいくものだった。戦後においても、日本への復帰を求めた同一化幻想の中で人々は同じような体験をしてきた。しかし、「植民地的身体性」とは、人々が国家から一方的にゆがめられたことだけを言うのではない。同時に沖縄の人自らが国家を内面化していったことをも含む。沖縄戦での集団自決は、それが極限的に表れたものだ。戦後になっても復帰運動の形をとって受け継がれ続けた。つまり、この「身体性」は沖縄という主体の両義性ということだ。例えばそれは、同一化幻想の中で自ら進んで自分たちの言葉を排除していったことのうちにみることができる。

――仲里さんは「植民地的身体性」という用語で、単に否定的なものだけではなく、何か積極的な可能性をも言おうとしているように思えるが。

仲里　それは克服すべきものだが、そこに内在する問題を深く考察していけば、近代沖縄の抱える問題を解きほぐす回路を見いだすことが出来るかも知れない。歴史から与えられ、歴史に返す在り方として。

高良　仲里さんの言っている「植民地的身体性」とは、とどのつまり基地問題のことだと思う。基地問題に象徴され集約される状況認識であり、基地を取り去ってしまえばそこには何が残るのだろう。私はこの言葉を使って今の状況を説明しようとは思わない。

仲里　基地だけに還元される問題ではない。現代日本の沖縄に対する姿勢は、近代日本の植民地政策の負の遺産を克服したものだろうか。私にはそうは思えない。沖縄の基地問題は、時間的射程で言えば戦後六十年に限定される。「植民地的身体性」は、そこに限定されるものではない。

高良　今の話は近代日本の膨張主義を議論するときには必要なテーマだが、現在やこれからのことを語るときのテーマにはなりえない。日本がもし植民地政策を推し進めようとしても、アジア諸国がそれを許さない。過去の問題が今を規定し、さらに明日をも規定しそうだというのなら話は別だが、今のアジアは主体を具備しており、そのような状況にはない。

仲里　その状況はあるのではないか。冷戦構造は帝国の記憶とアジアの人たちの植民地体験を封印するかたちで構築された。冷戦構造が崩壊した後で、封印されていたものをアジアの人たちは主体的に開封しようとしてきた。ポストコロニアリズムとは、植民地的状況は独立を果たしたから消滅したということではなく、現代世界の構造の中に存在し続けると理解することだ。現代を考えるうえで、この視点はどうしても必要だ。日本へ復帰した沖縄が、まさに重層的に抱え込んでいる問題だろう。

高良　では基地問題以外に、沖縄の現実のどの部分がその植民地的な現象といえるのか。明治時代に日本に編入されて以後の百年余の年月の間に抱え込み、今もなお現象として現れ続けている植民地的現実とは一体何なのか。

仲里　何よりも、沖縄戦の体験とそれを記憶し続けようとする試みのうちにみられるものだ。戦後の日本人意識・国民意識教育がそうだ。この教育は復帰運動の中心的メンバーだった学校の先生たちが推進した。「沖縄としての沖縄」や沖縄の言語を捨てることで、日本国民や国語に内属させられていった。このことは沖縄の政治や文化的状況を今もなお規定し続けている。

高良　そういう教育がなされたアメリカ統治時代に、宮古地方では方言が話され続けた。現在は、例えば本島中南部の方言を勉強しようと思えば制度的にできる。それが、植民地的状況だと言えるだろうか。

仲里　言語を取り戻そうという動きが出てきたことも含めてポストコロニアリズムの状況はある。

高良　言葉を奪われて、日本国家に適合的な思想性を持つ人間が量産されたという話だ。しかし、そうだとしても、それが今の沖縄にどういう具体的な問題を引き起こしているだろうか。

仲里　言語が失われることは、想像力の一つのかたちが失われることだ。一つの言語が教育という強制力をもって接収されていく過程があり、日本国家が沖縄を取り込むこととそれはパラレルの関係にあった。

――高良さんと仲里さんは学校教員によって共通語を刷り込まれた世代だ。

高良　それは、しかし、単に学校の教育によって言葉を奪われ、ウチナーグチをしゃべらなくなった人が輩出したということなのか。方言の断絶で問題なのは、むしろ家庭で言語のバトンタッチを自覚的にやってこなかったことにある。

仲里　それをやってこなかった背景にも、「方言」の排斥が教育的権力によって運動として強力に推進されたことがあるだろう。それが、私たちの世代が後の世代に言語を引き継げないでいる大きな要因だ。失われた言語や想像力を回復するためには、自覚的に主体をめぐる問題圏でそのことをまなざし返していかなければならない。

高良　言語の問題を政治的メカニズムのみに収斂させるのは間違いだと思う。私たちの子ども時代はまだ地域のつながりがあり、学校で共通語を教育されても地域の中で方言に触れる機会があった。しかし今の都市部では横のつながりがなくなり、家庭で方言を使わなければ、ほかに使う場所はない。それに、私たちと子どもの世代に言葉のギャップがあるのは、沖縄だけの現象ではない。地域の伝統文化が受け継がれなくなったという日本全国どこにでもある現象だ。方言を語るときには、そのことを考慮に入れなければ一方的な議論になる。

仲里　そういう風に一般化してしまえば元も子もない。沖縄という場にこだわって植民地主義の問題や国家のあり方を考えるとき、沖縄の言語体験は日本中のどこにでもある問題だということではすまない。

高良　それでは、言語を奪われた人間、植民地的身体性を刷り込まれた人間に対して、どうすれば良いと説明するのか。今も続いている植民地的状況を打倒するように説くのか。

仲里 そうではない。近代というコードとは別の回路から立ち上がる主体があってもいいと言っているんだ。主体の立ち上げ方を国民や国語というコードの下でならしていく文脈自体がおかしい。

高良 思想性を持った知識人にしか分からないような議論ではダメだ。これからどうするんだということを庶民に分かるように言わなければ。植民地的身体性が刷り込まれているために文化が断絶していると言うのだろうが、一番の問題は、伝統文化が寸断された状況を見据えながら、今を生きる人間がそれをどう再構築するかということだ。

仲里 今には今の位相があり、三十年前や五十年前とは「植民地的身体性」の現れ方が違う。言語体系は国民国家体系と密接に結びついているということだ。沖縄の言語体験の中に国家が埋め込まれていることにもっと自覚的であるべきだと言っているのだ。近代化によって伝統が失われた他の四十六都道府県とは違うんだ。

高良 仲里さんの主張を聞くべき人間は誰なの？　あなた自身なのか？　誰のために議論しているのだろうか。

仲里 今の沖縄の問題を内側から聞いていこうとするとき、「植民地的身体性」の問題は避けては通れない。このことに私が注目するのは、国民国家システムと沖縄の関係を透視していく視点のあり方の一つを提示するためでもある。

沖縄独立論とアイデンティティー

——沖縄に本土とは異質で、しかも真摯な言説の空間があるということは、お二人の論考によって十分に納得させられた。なかでも独立論は本土の人間には興味深い。本土では、まずあり得ない議論だから。「日本の中の沖縄」に、琉球大の林泉忠准教授が行ったアンケートでは「独立すべき」という回答が二四・九％あったと仲里さんが紹介している。

仲里 そのアンケートは「辺境東アジアの躍動するアイデンティティー」という視点から、沖縄のほか台湾、香港、マカオでも行われた。それら「辺境東アジア」は国家の境界にあるために、人々のアイデンティティーの作られ方が、国家の中心部と違う。沖縄には本土と異なり、「沖縄人だと思うか、それとも日本人だと思うか」「独立すべきか否か」などという設問が成立する言説空間があるということだ。

高良 確かにそういう設問が成立する場だ。しかし、林准教授の調査法の問題点はさておき、あの調査結果は沖縄のアイデンティティーの表層をなぞったものでしかない。沖縄の人々が立脚する現実のアイデンティティーは多層だ。

——同じ回に、高良さんは〈独立を掲げて活動し、社会的に一定の影響力を発揮した政治結社や政党は沖縄に一つも生まれなかった〉と書いている。昨秋の知事選には琉球独立党党首という肩書の候補が登場し、一％の得票を得た。先ほどのアンケートの約二五％と知事選での一％の差をどう考えるか。元沖縄大学長の新崎盛暉さんが言った「居酒屋独立論」でしかないということなのだろうか。

仲里　琉球独立党の候補は、沖縄内部での活動実績のない「落下傘的」候補だったということが、一％しか得票できなかった背景にあったのではないか。高良さんが独立を目指すならしっかり活動すればいいと指摘したのと同じく、新崎さんの「居酒屋独立論」は、実践に転化できない議論はナンセンスだという意味の発言だと思う。

だが、世界中の歴史をみると、ある地域から一つの主体が立ち上がるとき、当初その主体を担った人たちは必ずしも多数派ではなかった。それを考えれば、一％と二五％はもっと別な見え方がしてくるだろう。

これからは、独立論を語る位相が違ってくると思う。というのは、道州制の議論をはじめ、自治、自立などについて幅広く論議される言説の公共空間が出来ているからだ。その論議を実践レベルに転移できる状況に少しずつなりつつあるのは無視できないと思う。歴史家はそのような状況に注視しておく必要があるのではないか。

高良　独立や自立を望む意識は、人によって位相が違うだろうが沖縄社会に確実に存在する。真剣に考えている人もいるが、その顔が大衆には見えない。独立の機運を高めたいのなら、「過去に独立国家だったから」というのではなく、これからの沖縄のために独立が必要なのだという問題の建て方をして、綱領や目標を大衆に示しながら支持者を増やしていくことが必要ではないか。

知事選で糸数慶子氏や仲井真弘多氏に投票した人の中にも独立志向者はいただろう。しかし、独立を掲げた候補者は一％しか票をとれなかった。独立が必要な理由について求心力のある議論を展開しているフォーラムが日常的にあったら状況は違ったはずだ。そういう意味で、今回は独立論の弱さを感じた。

――あくまでも仮定の話だが、もし米軍基地を四十七都道府県で人口比や面積比によって等分に振り分けたり、基地自体がなくなったりして、沖縄問題としての基地問題が解決したとしても独立論は存続し続けるだろうか。

高良　基地以外にも沖縄が抱える深い問題は存在し続けるが、独立論は沖縄問題自体が政治的に火花を散らす争点ではなくなるだろう。

仲里　独立の問題は、沖縄の意思をどんなかたちで立ち上げるかということにかかわる。基地がなくなったからといって、理念的に問うものがなくなるのではない。独立とは、日本の枠組みに収まっている沖縄とは異なる別の政治的共同性を模索するということだ。

基地問題が解決すれば意味を失うということには必ずしもならない。つまるところ、沖縄の人たちに刷り込まれた「植民地的身体」が独立の発明に向かうと言っていい。

――仲里さんは「沖縄独立論」で、ヤマトとの〈異族性〉が復帰後の状況にも潜流しつづけていると述べている。「異族性」とは日本と沖縄は歴史的体験が違うだけでなく、本質的な部分で異なるということも意味する言葉なのか。

仲里　「異族性」とは歴史的経験の違いからくる差異を可能態とすることで見えてくる、ヤマトとは異なる主体性が沖縄にはあることを意味する。この概念は六〇年代後半から七〇年代初めにかけて日本復帰運動批判を通して鮮明にされた。ジャーナリストの新川明さんが沖縄の「異族性」というとき、沖縄の天皇制という統合のシステムはもってなかったというところに力点を置いていた。使う人によって濃淡があるが。

高良 新川さんの異族論、吉本隆明さんの南島論、川満信一さんの共同体論は、いずれも具体的歴史論ではない。歴史や文化を抽象化、思想化したもので、沖縄の認識の仕方やスタンスを明らかにするために用意された議論だ。その語り口を受け継ぎ、今を語るための言葉を練り上げているのが、仲里さんであり、作家目取真俊さんや詩人の高良勉さんなのだろう。しかし、僕の語り口は違う。

沖縄は過去四百年間、独立していたことがない。近世琉球王国はもとより、近代・現代がそうだった。将来へ向かって地域の主体性を回復するための自立や独立の議論ならば否定しない。しかし、過去に独立だったから独立しようということは理由にならない。「こうなるために独立するんだ」ということが議論の核心にあるべきだ。

復帰後の沖縄には問題がいっぱいある。しかし、多数意思は復帰したことをノンと言っていない。僕は、そういう人たちに軸足を置いた歴史像を語ることを自覚的に引き受けている。だれのために過去を整理して見せるのか。今沖縄で生きている人に、過去を総括して「沖縄はこんな経験やあんな体験を経て、一つの県としての現在があります」というように語らなければならない。それとは逆に今は日本の一つの県だが本来あるべき姿ではないと書いた瞬間に、沖縄はまさに植民地的状態として存在する地域だということになる。独立すべきか否かは歴史家が決めるのではない。現に沖縄で暮らしている人間たちが決めることだ。

もし沖縄の人たちが地域の主体性を構築するのに独立するしかないと決めたときには、私は歴史家として沖縄が自立せざるを得ない歴史的な理由を説得力をもって語ることはできる。その決断を支持する根拠は実際にある。その際、沖縄の構造的な矛盾が常に再生産される状況があると語れるかどうかが問題だ。基地問題では語れる。しかし、基地以外では何に立脚してそれを語れるのか。そこは仲里さんと意見が違う。

仲里　自立構想が出てくること自体の歴史的根拠に目を据えなければならないのではないか。居酒屋独立論にしろアンケートの約二五％にしろ、累積された歴史的経験があってはじめてそういう風に民衆の意識が表出する。そこを問題にしないのはおかしい。沖縄が体験してきた類としての歴史が確実にある。「独立すべきか」「日本人と思うか」との問いはなぜ成立するのか。基地へ一元的に還元できない重層的な問題があるからだ。復帰三十五年にして、封印していた民衆の意識が開かれようとしていることにもっと注目してもよいのではないか。

——基地問題に端的に表れているような、「沖縄差別」と批判されても仕方のないような問題が依然解決されないでいるから、沖縄の人々の意識が絶えず過去にさかのぼってしまうということではないのか。

仲里　基地問題へフラッシュバックしながら独立を語っている面はある。だが注意したいのは、日本に対して沖縄が持つ境界性は、政治的フレームに包摂されればなくなるというものではないということだ。民衆の意識の深層を開く新たな視座を取り返しつつある時代に生きているのに、問題を現象力学だけに還元して語ることは、その可能性を見えなくしてしまう。

高良　独立や自立を求める重たい声が累積されているというのは指摘の通りだ。それは実感として持つ。私の中にもある。そういう状況に心砕いて今の沖縄にかかわりながら発言していくのが仲里さんのスタイルだ。

だが、アンケートで「独立すべき」と答えなかった約七五%の人たちはそうではない。彼らへの語りはだれが責任を持つのか。私は、その両方をにらみながら全体を総合して見る視点はないのかと考えている。今のところ、その論理は構築できていないが、構築できるとするとどういう論理になるのか、試行錯誤しながら考え続けている。

対論《たいろん》「沖縄問題《おきなわもんだい》」とは何《なに》か

二〇〇七年八月十五日初版発行

編者　読売新聞西部本社文化部

著者　仲里《なかざと》　効《いさお》
　　　高良《たから》　倉吉《くらきち》

発行　弦書房
（〒810-0041）
福岡市中央区大名二—二—四三
ELK大名ビル三〇一
電話　〇九二・七二六・九八八五
FAX　〇九二・七二六・九八八六

印刷
製本　大村印刷株式会社

ISBN978-4-902116-90-8 C0036

対談島尾ミホ
石牟礼道子

ヤポネシアの海辺から

過ぎ去った日々はどうしてあんなに美しいのだろう――故島尾敏雄の作品群を挟んで海辺育ちの二人が語り合う、南島の豊かな世界、『死の棘』創作の秘密……。

【四六判・上製　216頁】1890円（税込）

広野八郎

昭和三《さん》方《かた》人生

馬方・船方・土方の「三方」あわせて46年間を底辺労働の現場で過ごしてきた著者が、その体験を赤裸々に綴った記録・日記を集成した稀有のドキュメント。

【四六判・並製　368頁】２５２０円（税込）